湛庐CHEERS

与最聪明的人共同进化

HERE COMES EVERYBODY

追随直觉之路

PATHWAYS TO BLISS

[美] 约瑟夫·坎贝尔 JOSEPH CAMPBELL 著

朱侃如 译

约瑟夫·坎贝尔

20世纪伟大的神话学大师

Joseph Campbell

- 让远古神话与现代人再度对话的思想大师
- 拯救人类心灵的哲学家与心理学家
- 西方流行文化的一代宗师

约瑟夫·坎贝尔传奇的一生有如其著作中的探险英雄，在启程——启蒙——考验——归来这样一种仪式性的四阶段之后，完成一种向上的循环，画出了一个首尾相贯的圆。

01 启程（DEPARTURE）

神话的召唤

约瑟夫·坎贝尔 1904 年生于美国纽约一个生活严谨的天主教家庭，这个距神话时代最为遥远的现代化繁华大都市，却造就了美国当代最著名的神话学家。孩提时代，坎贝尔跟随父亲去参观自然历史博物馆，他在那里看到了林林总总的原始图腾，这使他开始对印第安人的生活与文化产生兴趣。7 岁时，父亲带坎贝尔和他的弟弟去看当时非常流行的“野牛比尔”西部秀，尽管牛仔是演出的主角，但坎贝尔后来在书中写道，他完全“被印第安人的形象迷住了”。10 岁时，坎贝尔读完了当地图书馆儿童区所有关于印第安人的书，并被特许进入成人区阅读。直觉告诉他，了解神话是通往人类心灵奥秘最直接的道路，而这也许是坎贝尔日后对民族学、人类学产生关注与研究的基础。

02 启蒙（INITIATION）

来自灵性大师的第一次启蒙

19 岁的坎贝尔跟家人一起游历欧洲时，途中经历了一次有趣的人生奇遇。他在甲板上看到三位深棕肤色的人，其中之一就是印度传奇哲学家克里希那穆提。在一位年轻女士的引荐下，坎贝尔认识了这位伟大的东方哲学家。这次经历让他醍醐灌顶，并成为他认识印度和亚洲世界的开始。

大文豪乔伊斯为他引路

在哥伦比亚大学获得文学硕士学位后，1927 年，坎贝尔来到巴黎继续深造。在这里他深受欧洲当代艺术的影响。一次偶然的机会，坎贝尔发现巴黎所有的书店里都有詹姆斯·乔伊斯的著作《尤利西斯》，而这本书在美国是禁书，无处可寻。坎贝尔对乔伊斯的作品非常着迷，甚至在他新婚期间，乔伊斯和妻子都占有同样的分量。坎贝尔经常一手挽着太太，一手拿着乔伊斯的作品《芬尼根的守灵夜》。乔伊斯的出现，引导坎贝尔走向了“大发现”的世界，而在这之前，他一直走在一条狭窄笔直的学术道路上。

与荣格等心理学大师共事

坎贝尔结束在巴黎的学习后，前往慕尼黑大学重拾对中世纪文学的研究。在这段时间里，他结识了众多现代主义大师，这些人都是当时在美国闻所未闻的大人物：心理学大师弗洛伊德、荣格，法国雕塑家安托万·布德尔，著名画家毕加索，以及德国大文豪、诺贝尔文学奖得主托马斯·曼。弗洛伊德和荣格让坎贝尔认识到神话与心理学的关联，并让他发现神话能够激发和活化人们的心灵。而与荣格的缘分，也一直延续到坎贝尔的花甲之年。

考验（TRIALS）

历经考验铸就《千面英雄》

1929年，坎贝尔从欧洲返回纽约后，立刻向他的导师和朋友们分享了神话的潜能和魅力，但没有人能够真正理解他，这让他放弃了博士项目。他曾尝试创作小说，取得了一定的成功，但最终也放弃了。

坎贝尔唯一没有舍弃的就是阅读，几年之内，他涉猎了大量美国现代文学、哲学和心理学作品，也搜集了各种文化下的神话传说。5年后，坎贝尔被萨拉·劳伦斯学院（Sarah Lawrence College）聘为教授，他的课程因为引入了自己的神话学研究而大受欢迎。

抱着教会人们如何阅读神话的目的，坎贝尔耗时5年，写下了奠定自己神话学权威地位的巨著《千面英雄》。这本书于1949年一经出版，便广受读者追捧，销量一路领先，很难相信，它曾经被两家出版社拒之门外。

坎贝尔在萨拉·劳伦斯学院执教了38年，当时，该学院还是一所只招收女性的高校。执教生涯里，坎贝尔一直在向学生们讲授神话学。同时，他也告诉学生，关于神话，他讲授的一切都是男性所说和经历的，女性应当从自己的角度告诉世界，女性未来的可能性是什么。坎贝尔十分有先见之明地预言：世界尚未真正认识到女性的力量，这种力量一定会呈现出来，我们只需拭目以待。

每个人都拥有自己的蕴藏强大能量的梦中万神殿。英雄必须一次又一次地通过艰难的障碍。

——坎贝尔

归来

（RETURN）

乔治·卢卡斯终生追随的精神导师

好莱坞导演乔治·卢卡斯读到坎贝尔的《千面英雄》后大为震惊，他发现坎贝尔在书中表达出的很多想法都和自己不谋而合，卢卡斯也因此迷上了对神话历程的分析。后来，《千面英雄》成为《星球大战》的重要灵感来源，坎贝尔也成了卢卡斯终生追随的精神导师。卢卡斯称坎贝尔是“一位了不起的学者，一位了不起的人”，并将坎贝尔视为自己的精神导师。坎贝尔的作品亦是无数好莱坞大片成功的基础，被好莱坞众人列为必读书目。

影响奥巴马、乔布斯的当代神话学巨擘

20 世纪 60 年代，坎贝尔成为嬉皮士创作灵感的重要源泉，“苹果教父”史蒂夫·乔布斯也深受其浸染。除了乔布斯，美国总统奥巴马及其母亲都是坎贝尔的忠实粉丝，“哈利·波特系列”图书的作者 J.K. 罗琳也多次提到坎贝尔及其作品，坦陈自己的小说创作深受坎贝尔的影响。美国前总统肯尼迪的夫人杰奎琳更是担当坎贝尔《神话的力量》一书的编辑，并将其视为最引以为傲的成就。

结 语

20 世纪 80 年代，“坎贝尔热”席卷全美，“感恩而死”摇滚乐队不断从中发现音乐创作的灵感，更有无数的艺术家，甚至游戏编程人员对他顶礼膜拜。1985 年，坎贝尔被授予美国国家艺术协会文学创作荣誉金奖。在颁奖典礼上，知名心理学家、荣格学派代表人物詹姆斯·希尔曼说：“在这个世纪里，没有人能像坎贝尔一样，将世界及神话人物角色的深邃意义，带回到我们的意识中。”约瑟夫·坎贝尔在 1987 年因癌症去世。《新闻周刊》上悼曰：“英雄已去，信念长存。”

他就是约瑟夫·坎贝尔，是当代神话学巨擘，才华横溢的心理学家，思维独特的哲学家和作家，极具启发性的心灵导师、演说家和思想家，是影响西方流行文化的一代宗师。

坎贝尔神话系列作品

《千面英雄》

- 神话学大师坎贝尔享誉世界的代表作
- 现代人寻求内在觉醒的“圣经”

《千面女神》

- 坎贝尔致敬女性之作
- 女性如何孕育整个人类的精神家园

《指引生命的神话》

- 坎贝尔自选集，献给迷茫时代的答案之书
- 用永恒的神话智慧应对当下和未来

《追随直觉之路》

- 献给每一位生命旅者的灵性觉醒之书
- 书写属于你自己的神话，追随喜悦、发现自我、完善人格

《生命的狂喜》

- 坎贝尔遗世之作，献给舞蹈家妻子的一封情书
- 将生活当作一场舞蹈，调动内心潜藏的力量

《梦境的象征》

- 坎贝尔辉映《梦的解析》之作
- 揭示神话意象与梦境的关系

《解读乔伊斯的艺术》

- 坎贝尔关于乔伊斯文学研究的毕生成果结集
- 全景式解读乔伊斯的创作理念与脉络，揭示关于人类普遍经验的寓言

《英雄之旅》

- 坎贝尔亲述他的生活与工作
- 与世界各领域精英的灵魂对话

《神话的力量》

- 坎贝尔写给大众的心灵启蒙之作
- 在诸神与英雄的世界中发现自我

《坎贝尔生活美学》

- 神话学大师坎贝尔箴言录
- 用超世俗的精神指引现世生活

《众神的面具》系列（共 4 卷）

- 坎贝尔传世巨作，十年磨一剑的宏篇巨著
- 人类古今神话的全面考察与阐述，理解了面具，就理解了神话

《心灵的宇宙》

- 坎贝尔哲思精华之作
- 参透天人合一的“心学”，在神话中探索自我心灵的深邃与浩瀚

《光之世界》

- 坎贝尔本人挚爱之作，献给东方的一份礼物
- 探寻东方神话中的智慧与奥义

《解读 <芬尼根的守灵夜>》

- 坎贝尔锋芒初露的处女作
- 一把解读天书的钥匙，用神话攀登后现代文学的极峰

知人者智，

自知者明。

胜人者有力，

自胜者强。

—— 选自老子《道德经》第三十三章

中文版序

神话的复活

约瑟夫·坎贝尔（1904—1987）是美国杰出的文学及比较神话学者。他的很多同行仅专攻某种单一文化的神话，探究什么使得那个社会的基本故事如此独特，而坎贝尔不止于此，令他同样十分着迷的还有每个神话描述的被他称作“人类同一个伟大故事”的方式。虽然坎贝尔进行了60多年人类超自然传说的研究、写作和演讲，但在研究宗教神话（“神话即人的另一个宗教”）时，他没有聚焦于“那里有什么”这类神学问题，而是对“为什么我们要讲述关于那些事物的故事（无论它们是什么）”做出了解答。

年轻时，坎贝尔曾在哥伦比亚大学学习中世纪文学，专门研究英国亚瑟王与他的圆桌骑士的故事。由于这些所谓的“骑士故事”最早是用古老的法语和古老的德语写成的，因此他申请并获得了巴黎第四大学的奖学金。1927年他来到巴黎这座“光之城”——当时最时髦的文化与新观念的中心，他看到了一系列非常现代且具有完整神话主题的作品：詹姆斯·乔伊斯和托马斯·曼的突破性小说，巴勃罗·毕加索、安托万·布德尔和保罗·克利激进的创作。随后，坎贝尔在德国慕尼黑大学继续他的学习，在那里他接触到了西格蒙德·弗洛伊德和卡尔·荣格革命性的心理学观点。这使他获得了顿悟，后来他将其表达为“神话是公开的梦，梦是私人的神话”①。此外，正是在欧洲游学的这段重要时光里，他第一次了解到印度和中国的伟大传说。

年轻的坎贝尔越来越清楚地认识到他所了解到的一切——从当代艺术家（“现代神话创作者”）、现代科学家到古代精神典籍、亚瑟王和他的骑士的传奇，似乎都采用的是相同的语言：神话的语言。1929 年他返回纽约，兴奋地把他的收获告诉了他的博士导师：

> 在距离发生华尔街股灾大约两周的时候我回到了纽约。那时人们根本找不到工作。我回到哥伦比亚大学继续我的博士研究并告诉我的同窗：“一切都迎刃而解了。”“哦，不，”他们说，“你不明白。这里和你去欧洲之前没有什么改变。”好吧，我说：“见鬼去吧。”

他放弃了博士项目。

全球经济灾难（在美国被称为“大萧条”）持续了整个 20 世纪 30 年代，像很多人一样，坎贝尔失业了，他连续五年找不到工作，于是选择了看书。在闲暇时他学习了博士委员会想让他忘记的一切——现代文学、历史、哲学、亚洲宗教、心理学、凯尔特传说、美洲印第安传说、非洲传说和社会学。

1934 年，他在莎拉·劳伦斯学院（Sarah Lawrence College）找到了一份教书工作，当时这是一所新成立的女子人文学院。他被聘为文学教授，但他在所有课程中都会引入他的神话学研究，很快他的“神话学导论”课程变成了学院里最受欢迎的课程之一。他在莎拉·劳伦斯学院一直待到 1972 年，

① 出自坎贝尔的著作《指引生命的神话》（*Myths to Live By*）。他在本书中告诉我们，生命的目标在于使身体脉动契合宇宙的脉动，使自己的本性契合大自然。本书已由湛庐策划，浙江人民出版社出版。——编者注

直至退休。

坎贝尔从事教学的十年后，纽约一家重要的出版社邀请他写一本神话集——“现代版的《布尔芬奇的神话》”[①]。

> 我说：“我不愿做这件事。”
>
> 他们说：“你想做什么？”
>
> 我说：“我想写一本关于如何阅读神话的书。”

他用了五年时间写这本书，把他对全世界各种神话传说和现代心理学的研究都纳入其中。在写作时，他开始聚焦于英雄历险的故事，这些故事似乎无处不在，反复出现在最古老的苏美尔史诗中、太平洋岛屿、西伯利亚森林和非洲大草原的民间故事里、悉达多·乔达摩和耶稣等伟大宗教英雄的生活中、精神病患者的病例记录中，在乔伊斯和曼这类作家的现代小说里。坎贝尔对这个普遍存在的故事进行了如下描述：

> 一位英雄从日常的世界勇敢地进入超自然的神奇区域：在那里遇到了传奇般的力量，取得了决定性的胜利：英雄带着这种力量从神秘的历险之旅中归来，赐福于他的人民。[②]

由于坎贝尔描述的英雄是每一个英雄，从心理学角度来看就是每一个个体，因此他把书名定为《千面英雄》。

自1949年出版以来，这本书在英国不断被重印，并被翻译成20多种语言，销量超过100万册。《时代周刊》将《千面英雄》评为“20世纪最重要的100本书之一”。

---

① 《布尔芬奇的神话》是著名的英国神话集，收集了希腊、罗马和中世纪欧洲的神话传说，作者是伦敦的托马斯·布尔芬奇，该书于1867年出版。

② 出自坎贝尔的著作《千面英雄》（*The Hero With A Thousand Faces*），书中汇集了其最重要的神话学思考，在为我们展现一个个英雄故事的同时，提示了神话所掩饰的真理。本书已由湛庐策划，浙江人民出版社出版。

虽然《千面英雄》的学术性很强，而且当时这个主题的作品几乎都是诗歌形式的，但它依然很受欢迎，其中一部分原因在于它的主题——我们最熟悉的古代故事的基础，几乎令每个人着迷，它具有普遍的吸引力。《千面英雄》的持久魅力还在于它不断被富有创意的艺术家当作指南，用来塑造各种深奥又变幻离奇的体验。坎贝尔主张“艺术家是现代的神话创作者”。自从这本书出版之后，许许多多艺术家——小说家、电影制作人、作曲家、歌曲作家、画家、游戏设计师、过山车设计师以及无数其他类型的艺术家，参考他的这部杰作，不只是为了学习如何阅读神话，而且学习如何创作神话。对《千面英雄》最著名的应用是美国导演乔治·卢卡斯创作的《星球大战》系列电影，他将它用作电影的蓝本：

> 我为这个作品写过很多草稿，后来无意中看到了《千面英雄》。我第一次真正开始有了焦点。一读到这本书我就对自己说：“这正是我一直在做的事情，就是它。”……《千面英雄》是第一本将我凭直觉一直在做的事情聚焦到一起的书。

因此当你阅读这本书时，当你与约瑟夫·坎贝尔一起探索世界各地永不过时、生生不息的神话时，请记住他相信任何存在人类想象的地方都存在着神话，正是人类的想象赋予了神话生命。正如他所说：“俄狄浦斯最新的化身正站在第五大道和第 42 街的交叉口等红绿灯，将续写美女与野兽的浪漫故事。”

约瑟夫·坎贝尔基金会

2015 年 11 月

库伯联盟学院的神话专家

1972 年，坎贝尔在依据自己过去 20 年来的演讲内容编撰《指引生命的神话》这本书时，体验到了下面这个“大彻悟”：

> 我是这么审视我自己的：在过去那段时间内我已经有所成长，我的想法也有所改变，我又往前迈进了。但在整理这些演讲内容的时候，我才发现它们根本讲的是同样的东西——在长达数十年的光阴里，内容从未改变。我确实在那之中找到了让我感动的某个事物。但直到我辨识出了贯穿整本书的那些连续性之后，我才真正了然于心地明白，感动自己的是些什么。24 年是一段相当长的时间，这期间发生过许多事情。而能够让我一直念念不忘、喋喋不休的，却是同样的东西。[1]

在整理 1962 年至 1983 年间近 20 篇坎贝尔的演讲、访谈和研讨会发言，以编辑成这本书的时候，我对坎贝尔上面这段陈述，更加感同身受。

在这些选中的演讲中，处处可见坎贝尔对于“神话的功能”这个概念的探索痕迹。神话是个人了解自我心灵成长并促进个人心灵成长的工具，也就是坎贝尔所说的神话的第四个功能，或说是心理功能。而我最初的编书构想，就是想在本书中呈现坎贝尔在这个主题上的历史性回顾。

然而我后来发现，坎贝尔在库伯联盟学院（Cooper Union）[①] 系列演讲的收尾阶段，以及《众神的面具》（*Masks of God*）四卷本中所谆谆训诲的突破性思维，其实和他直到晚年都持续探索着的主题是相当一致的。尽管“爆发”这些突破性思维的，只是些紧凑却“非正式”的“机缘”，如，坎贝尔每年为庆生而亲自到旧金山伊莎兰学院所主持的例行工作坊。他的某些思想会持续发展、修正——譬如说，拿迷幻药来开启深埋于集体无意识中的神话意象，究竟是可兑现的承诺？还是在玩火？但是他的整体思想主轴则维持一致，始终如一。他认为神话提供了个人成长和转化的架构，我们若能了解神话和象征影响一个人心智的方式，我们就可以过着一种和自己的本性“调和共生”的生活——也就是找出了那条通往自己内心“直觉”的道路。

坎贝尔对于自己思维的“慢速”阐述方式，使得这本书的编辑工作相较于之前编撰的《坎贝尔作品集》（*The Collected Works of Joseph Campbell*）书系显得轻松、简单多了，但其中也有困难无比的挑战。《亚洲记行：日本卷》（*Sake & Satori: Asian Journals-Japan*）出自单一主题的系列演讲，我的编辑重点就单纯地在于确保最会说故事的坎贝尔在书中能够“精彩重现”。《光之世界》（*Myths of Light: Eastern Metaphors of the Eternal*）则集结自多场演讲以及一些未出版的作品，内容涵盖坎贝尔长达30年来针对印度宗教以及东亚宗教的思考、阐释。内容看似浩瀚庞杂，但一旦我将各个主题分门别类，理出对于“探索至高无上的神性”这个初衷具有可行性的具体探索路径框架时，书中的每一部分也就自然成型了，一场场演讲迅速在各个部分找到了自己的位置，简单明了。

---

① 美国纽约市一所著名的私立大学，培养了一批包括爱迪生、诺贝尔物理学奖得主赫尔斯在内的优秀学者，多位历任的美国总统都曾到该校做过演讲。——译者注

本书的第一部分“人与神话”，重在探讨神话作为个人（而非社会）成长工具的发展历史。这一部分来自一组主题类似、场次各异的不同演讲，我的主要任务就在于让这些演讲内容在呈现出来时，已先行去除掉所有不应出现的多余内容，好让读者不至于重复阅读基本内容，如神话的四大功能，等等。

第二部分“现存的神话”则关注神话的基本心理功能，摘录的是一系列单一主题的演讲，“活出你的个人神话”，但这些演讲的时间跨度长达近十年之久，也是坎贝尔自己从未完全感到自在的主题。其中有些只是一小时长的匆促演讲，有些则是长达一星期的研讨会形式的演讲。每场演讲的主题都共享类似的方式，却又通过不同的规则来呈现，所强调的重点也不同，因为坎贝尔会依据听众之别、当时所发生的时事以及他自己对这个主题所发展出来的新想法，而在演讲中额外衍生出新内容来。这也让“针对坎贝尔的观念拼凑出深入浅出内容”的编辑工作，出现非比寻常的挑战性。

第三部分题为“英雄的旅程”，主要探讨坎贝尔通过《千面英雄》这本经典著作所确立的基本前提——英雄的旅程可作为检视个人生活的一项工具。这部分在编辑过程中意外地出现了另一项挑战，原因就在于这部分的主要素材来自于 1983 年一场长达一个月之久的研讨会其中三天的研讨内容。由于该场研讨会从头到尾都在极度自由的讨论形式中进行，涵盖的范围也极其广泛，所以研讨会最后所呈现的样貌，自然也极度发散。因此，编辑只能硬设一个论述主题，或是将整理工作简化到只看语句通顺的程度，否则，理出一条叙述思路是不可能的！而这还只是最低限度的挑战。在我的编辑生涯中，这算得上是最困难、最让我没有成就感的经验了。

阅读和编辑坎贝尔作品的乐趣之一就是，坎贝尔的心智就像一张因陀罗[①]的宝石之网，能够将思想中的闪亮宝石，一个个编织在一起，他总能找到联结

① Indra，又作“帝释天”，本为印度教神明，司职雷电与战斗，后被佛教吸收为护法神。——译者注

这些思想的线索。正如我在《光之世界》的引言中所说的，读者可将书中的非凡概念性惊喜归功于坎贝尔，但是任何逻辑上的疏忽就是我的责任了。

我必须一提的是，除了我之外，尚需许多其他人的力量加入，这本书才能够诞生。我要感谢约瑟夫·坎贝尔基金会总裁罗伯特·沃尔特（Robert Walter）的无私付出。沃尔特不只让坎贝尔遗留的珍宝在他死后仍然能够继续传承下去，他也要管理坎贝尔基金会这个小而美且不断成长的非营利机构，好持续推广坎贝尔的作品。他更协助我将堆积如山的手稿和影音内容分类整理好，并依据他多年来身为坎贝尔的友人、特约编辑的身份以及对坎贝尔的了解，为本书理出最恰当、最适合出版的内容。

我更要感谢新世界图书馆（New World Library）的贾森·加德纳（Jason Gardner）的持续付出，他也是出版这一系列坎贝尔遗作的最佳搭档。还有麦克·阿什比（Mike Ashby），他帮助处理了书中艰涩的梵语、日文以及天书般的《芬尼根的守灵夜》，这些对他来说简直易如反掌。

我也要感谢西拉·米尔曼（Sierra Millman）和肖娜·谢默斯（Shauna Shames）这两位前途无量、才华横溢的年轻人的贡献，她们为本书多个章节写了草稿。西拉更额外完成了本书第一部分的初次文稿的编辑工作。

最后，我要感谢我的太太莫拉·沃恩（Maura Vaughn），她不但和我携手共走我们的人生之路，也让这条道路更值得我们这么努力走一遭。

戴维·库德勒

2004年7月16日

我们为什么需要神话

不久前，我在伊莎兰学院进行了一场演讲。[2] 听众女性居多，我发觉她们对于下面这个问题特别感兴趣：对于那些想在现代生活中成为士兵、企业高级主管这类角色的女性，能否从古典神话中找到学习典范呢？答案是否定的。一个新的问题随之浮现出来：神话人物到底该不该成为我们的学习典范呢？

请让我这么回答：不论神话人物该不该具备这种功能，通常一个社会的神话确实提供了该社会在那个特定时间的学习典范，一直以来都是如此。神话意象显示的是宇宙能量依据时间轴来展现自身的方式，随着时间轴的改变，展现的模式也随之有所变化。

正如我对当天的听众所说的，诸神代表了守护神的力量，这是能够在你的行动领域支撑你的力量。当你冥想这些神的意象时，你也被赋予某种稳定的力量，让你在某种程度上融入该特定神祇所代表的角色之中，因此，就会有农业的守护神、战争的守护神等，不一而足。对于商业、行动、战争等领域中的女性，我们的古典传统确实没能为她们提供守护神。雅典娜是战争的守护神，但是她本身并不是战士。阿耳忒弥斯（Artemis）尽管是位女性猎人，她所代表的却是女神和自然的转化力量，而不是在社会场域中的行动。一位商场女强人到底能够从阿耳忒弥斯身上学习到什么呢？

> 诸神代表了守护神的力量，这是能够在你的行动领域支撑你的力量。

你从阿耳忒弥斯身上可以找到一个神话意象，这个意象历经了数十年、数百年甚至数千年的千锤百炼，它是能够作为我们的学习榜样的。在没有榜样的情况下，一个人单枪匹马地靠自己开创自己的人生，很不容易。当生命中有这么多新的可能性展开之时，我不知道当下、这一刻是怎样的。但是在我的生命经验中，一直都会有一个神话榜样适时出现，来告诉我该往哪个方向前进，或是当问题发生、机会出现时，我该如何应对。

> 在我的生命经验中，一直都会有一个神话榜样适时出现，来告诉我该往哪个方向前进，或是当问题发生、机会出现时，我该如何应对。

神话和历史不是一回事，神话并不是达官贵胄的颇具启发性的人生故事。神话是超然与当下的联结。民俗英雄和传记主角是有差别的，尽管民俗英雄可能在过去是位真实人物，譬如说黑人钢铁巨汉约翰·亨利或美国国父乔治·华盛顿。民俗英雄代表了神话中的某个转化性人物。在口头传诵的神话传统中，一切都会随时更新。美国印第安人的民俗故事中，既会出现脚踏车，也会出现国会大厦的形象。所有事物都能立即并入神话之中。在我们这个什么事都得讲清楚说明白的社会中，诗人的功能就在于看出周遭实物的生命价值、神化它们，并提供能将日常生活和永恒产生关联的意象。

> 诗人的功能就在于看出周遭实物的生命价值、神化它们，并提供能将日常生活和永恒产生关联的意象。

当然，当你试着将自己和超越性产生关联的时候，你并非必然要运用意象。你可以选择禅的路径，而将神话整个抛在脑后。但是我现在讲的是神话的路径。而神话的功能就在于提供一个你能够在其中找到自己位置的场域。那就是神秘圆圈曼荼罗（mandala）的意义所指，不论你是一位西藏僧侣，还是一名荣格学派心理分析师的病患。象征会环绕着那个圆扩散开来，而你要去将自己摆放在中心的位置。迷宫显然就是一个乱成一团的曼荼罗，你在其中是无法知道自己所处位置的。而迷宫正是缺乏自身神话的人所处的世界。身处其中的人得自己奋战、摸索，完全得不到任何指引。

我最近才接触到卡尔弗立德·格拉夫·杜尔克海姆（Karlfried Graf Dûrckheim）这位才华横溢的德国精神科医师的作品。大家可不要把他和法国社会学家埃米尔·涂尔干（Émile Durkheim）搞混了。杜尔克海姆在荣格和诺伊曼（Erich Neumann）的研究成果的基础上，总结出人类整个身心的健康问题都和神话有关。[3]杜尔克海姆认为，我们每个人的内在都有某种生命的智慧长驻其中。我们都是形塑所有生命的生命力量的化现。我们还在母亲子宫内就隐然成形的，也是这个生命力量。这种智慧就在我们的内在，它也代表了这股涌入时空场域的力量和能量的原力。然而，这是种超越的能量。它是来自我们知识能力范围之外的能量。这个能量在我们内在（在我们这个躯体内）会渐渐受制于某种特定的承诺。如此一来，我们用来思考的智、用来观察事物的双眼，也会渐渐牵扯于各种概念，以及局部的、时间性的任务，使得我们自己渐渐被束缚住，而这股能量也变得无法自如流动。于是，我们就会生病。能量受到阻隔，我们偏离了中心；这个观念非常类似于传统中国和印度的医学信条。

因此，这个心理层面的问题，也就是让你不再受到阻隔的方法，就在于让你自己——听好了，我要说出这个关键词啰——对超越者透明化（transparent to the transcendent）。就是这么简单。

我们每个人的内在都有某种生命的智慧长驻其中。我们都是形塑所有生命的生命力量的化现。

神话为你所做的，就在于指出现象界范围之外的那个超越界。一位神话人物就好像你在学校中用来画圈圈和圆弧的圆规——一只脚踏在时间的领域，另一只脚踩在永恒的领域。一位神祇的形象可能看起来像人类或动物，但他所指涉的却超越了那些形象。

神话为你所做的，就在于指出现象界范围之外的那个超越界。

这么一来，当你将圆规那只会移动的、隐喻性的“脚”，转译成某种具体的实物，也就是某个事实的时候，你得到的也不过是个寓言，而不算是神话。神话所指出的，已超越神话本身而到达某种无法描述的事物，而譬喻则只不过是教导你一堂实务课程的故事或意象而已。这就是乔伊斯笔下的“不恰当的艺术”。[4] 如果神话意象所指涉的是一项事实或某种概念，那么结果就是个寓言性的人物。真正的神话人物会有一只脚踏在超越界。而宗教观念通俗化之后的问题之一，就在于神变成了最终的事实，他本身不再对超越者透明化了。这就是老子在《道德经》第一章中所说的“道可道，非常道”的真义。[5]

最要紧的是让你的神对超越者透明化，对其如何称呼是无关紧要的。

当你拥有一位神祇作为学习榜样时，只要你能够认识到这位神祇所带来的启发，你的生命就会对超越者透明化了。你的生命不再以俗世的功成名就为名，而能够以能量源源不绝的超越性事物为名。

当你拥有一位神祇作为学习榜样时，只要你能够认识到这位神祇所带来的启发，你的生命就会对超越者透明化了。

当然，要达到超越个人的境界，先要做好个人的修持；你必须要同时具备两种特质。19世纪的德国民俗学者巴斯蒂安（Adolf Bastian）就说过，每个神话都同时具备两种成分：基始的以及民俗的。你必须先经历你自己的传统，也就是民俗的经验，才能达到超越的或基始的层次。因此，你必须同时在个人和超个人的基础上，都和上帝建立起关系才行。

在原始社会，巫师就是民俗和超越界之间的活管道。巫师是村里唯一实际经历过心理崩盘又复原的人。迈入青春期的年轻男女会看到某种心象或是听到一首歌。这种心象或歌曲会累积成某种呼唤。当事人就会经验到一种颤抖性的、神经官能性的疾病。这其实是一种精神病发作，而一直以来都很清楚这种传统的家人，就会去请来巫师给年轻人一些“教养”，好让他们走出这种困境。这些原始社会的“教养”包括上演特定的心理仪式，把年轻人“放”回去和所属社群再次接轨，或为他们唱歌。

当然，当事人借由“潜入”无意识之中而“相遇”到的是整个社群的无意识。这些原始部落民族受制于一个小小的视野，并共同分享一个有限的心理问题系统。巫师遂成为导师以及部落神话传统的保护者，但他本人其实既孤立又害怕；这个“大位”是很危险的。

当事人借由“潜入”无意识之中而“相遇”到的是整个社群的无意识。

如今，在某些原始社会，年长者可以自愿成为一位巫师，但他接下来需要经历特定的严峻考验，好获得过去的巫师可自动拥有的权力。在西伯利亚东北部地区，以及北美洲、南美洲的许多地区，要成为一位巫师必须要男扮女装（或女扮男装）过着异性的生活。也就是说，当事人必须过着对立性别的生活。这么做，意味着当事人已经超越来自自己原始性别的力量。这些拥有异性装扮、举止的巫师在包括赫必（Hopi）、帕布罗（Pueblo）、纳瓦霍（Navaho）、阿帕奇（Apache）等北美西南部印第安人的神话中，可谓举足轻重，苏族（Sioux）印第安人以及其他许多印第安部落也有类似情形。

俄国人类学家博戈拉兹（Waldemar Bogoras）和乔基尔森（Waldemar Jochelson）则在西伯利亚堪察加半岛（Kamchatka Peninsula）的原住民楚克奇（Chukchi）人身上，率先辨识出了这种性别的颠倒。[6] 这两位人类学家在那里见证了对这种现象的群聚反应。其中有这样一个例子，某些年轻人听到了要他们成为所谓的“温柔男”的召唤，这些年轻人觉得这个召唤太过羞辱而负面，因而集体自杀了。就像这个例子一样，如果巫师不响应对他的召唤，他在心理上就会“撞船”，破碎瓦解。那是种非常深层的心灵召唤。

我最近读到一则故事，主角是一位在西弗吉尼亚州采矿城长大的女士。当这位女士还是小女孩时，有一天，她到树林里去漫步，听到了天籁般的音乐声。当时的她不知道该怎么办，对那音乐声也毫无所知。许多年过去了，当这位女士 60 岁的时候，她因为感到生命空虚而去看精神医生。通过深层的催眠，她终于想起了小时候听到的那首歌。[7] 当然，你能猜到：那就是巫师之歌！

正是通过专注于这首歌曲、这个灵视意象，巫师们才将自己摆到了中心位置。他们借由唱诵歌曲、执行仪式为自己带来平静。在南美洲的最尖端，阿根廷的火地岛（Tierra del Fuego）上，住着奥那人（Ona）和雅甘人（Yagan）这两个美洲大陆最朴实的民族。19 世纪初期，身兼神职人员和科学家的阿戈斯蒂尼神父（Alberto de Agostini）曾与这些人共同相处过相当长的时间。目前外界已知的该民族神话，也几乎都来自阿戈斯蒂尼神父的研究。他提到自己曾在睡梦中醒来，听到部落的巫师独自敲着鼓、唱诵着属于他的歌曲，整个晚上一直这么唱着——巫师是在借此维持自己的“神力”啊！[8]

这种通过自己的梦境神话来维持自己“神力”的想法，暗示了神话通常的运作方式。如果这是个活生生的、有机的、能够确实和当时人们的生活紧密结合的神话，那么这种一再重复神话内容的执行仪式，就能够将人们摆到中心位置。仪式不过就是在执行某个神话；参与仪式，就是在直接参与神话。

现今的纳瓦霍，出现了许多神经症患者，因为这些昔日的战士非但无法过着原先的传统生活，反而被迫局促地住在印第安保留区。他们运用沙画仪式来医治这种疾病。纳瓦霍沙画仪式的作用就是一次又一次地重复神话，让人们能够“对超越者透明化”。

这就是神话运作的方式。

在我对这类事的经验中，我发现对自己最棒的教诲总是来自印度。回想自己当年即将满 50 岁时（那时我研究、教授神话也差不多有半世人生了），我问过自己一个问题：我要怎么来总结这一切呢？我当时想，在这个世界的某个角落拥有支配那里好几个世纪的神话，在那里，神话不仅是主流，还转译成了思想观念，所以人们可以阅读神话，其中值得批评、讨论的地方更是成千上万。你能获得的不仅仅是直观的美学欣赏所带来的东西。

因此，我便去了印度，突然之间，万事万物都通了！[9] 我发现自己对这类事的思考的精华，绝大部分都是我从印度学习到的。

譬如说，出自吠檀多传统的某个教义，对我了解神话中流动的能量的本质，有极大帮助。《鹧鸪氏奥义书》中便有“五鞘说”，这五鞘包含了真我（ātman）在内，那是每个人的精神基础或胚芽。

首先是**食物鞘（annamaya-kośa）**。指的是你的身躯，由食物组成，当你死去的时候又会变回食物。寄生虫、秃鹰、土狼、一把火都会让你的身躯灰飞烟灭。这就是我们这个物质身躯所属的鞘：食物鞘。

再来是**呼吸鞘（prānamaya-kośa）**。呼吸会使食物氧化，可将食物转变成生命。那就是这个东西、这个躯体：着了火的食物。

下一个鞘是**心灵鞘（manomaya-kośa）**。心灵鞘是躯体的意识，它会将你的感知，和你认知的那个你统合在一起。

接下来会有个大落差。

下一个鞘称之为**智慧鞘（vijnānamaya-kośa）**。这是涌现超越智慧的鞘。此智慧让你在母亲子宫内成形、帮你消化晚餐，并知道怎么运作这一切。当你割伤了，此智慧也会知道如何疗愈伤口。伤口会流血，然后结疤，最后形成伤痕，这就是智慧鞘运作的结果。

你去林中散步时，可能会看到带刺的围栏。铁丝围栏绕在树上，树也将铁丝围栏包覆了起来。树也拥有智慧鞘。这是你与生俱来的智能层次，是你和山丘、树木、河鱼、动物所共享的。神话的力量能够让心灵鞘和智慧鞘“接轨”，正是智慧鞘会提到超越性事物。

神话的力量能够让心灵鞘和智慧鞘“接轨”。

从智慧鞘再往内深入就是**极乐鞘（ānandamaya-kośa）**，这是超越性事物驻足的核心，也是极乐鞘自身的核心。生命是内心真实喜悦的化现。但心灵鞘是附属于食物鞘所带来的悲欢之上的。所以它才会思考说：“生命是否值得活下去？”或正如乔伊斯在《芬尼根的守灵夜》中的提问：“生命值得放弃吗？”[10]

这么想就好了：草会长长，这很自然。从极乐鞘之中，会“长出”智慧鞘，草同样也会生长。接下来，每隔两个星期，就有人开着一辆除草机，把长出的草除掉。假设这些青草会思考，它们会想：“呸！干嘛这么大费周章？我不干了！”

这就是心灵鞘的思维。你很清楚那股冲动：活着很苦；善神怎么可能创造一个充满痛苦的世界呢？这是从善与恶、光明与黑暗的出发点来想事情，它们都是二元对立的。智慧鞘对于二元对立一无所悉。极乐鞘则能够涵纳所有的二元对立。智慧鞘就像初萌芽的二元对立，刚长出来时没有什么破坏力，稍后就会变成真正的二元对立。

当我去埃及的时候，曾去参观图坦卡蒙王那可怜的小小墓冢。相较于一旁塞提一世（Seti I）的大金字塔，那墓冢看起来就像是某个无名小卒的小库房，有两个和小型公寓差不多大的小房间。塞提的墓冢则有小型体育馆那样大。这就是为什么没有人会去洗劫图坦卡蒙墓的原因，因此，我们才得以保存里面那么多棒得不得了的文物。

试着从印度的五鞘意象这个角度，来思考一下图坦卡蒙的棺木。我不清楚这是否是埃及的雕刻师傅原本的用意，但我是这么看的：有三个大小不等的四方型箱子，一个套着一个：食物鞘、呼吸鞘、心灵鞘。这是外层。然而有一座大石棺将内层的两个鞘与外层的那些隔开。那么，内层有些什么呢？先是一座木头制成的棺木，镶嵌着黄金和宝石。棺木的外型正是年轻国王的型貌，胸前是象征其君主身份的标志。我敢说那个标志正是智慧鞘那属于活生生有机形体的层次。

再往里就是极乐鞘：一个以图坦卡蒙为外型、用了大量黄金的纯金棺木。当你了解到那个时代是怎么开采黄金的，你就很清楚这棺木的制作代价是许多条性命，外加上许多凄惨的过程。而这就是极乐鞘。

当然，在这里头的就是真我，躯体本身。不幸的是，埃及人在这上头犯了巨大的错误，他们误以为永恒的生命就是躯体生命的永久保存。所以，你们去参观埃及博物馆时，会看到什么呢？你们买专门的门票进去参观木乃伊室，然后就会看到三排棺木，每一具棺木内都睡着一位法老王。那些法老王的名字就好像一堆蝴蝶的名字：阿蒙霍特普（Amenhotep）一世、二世、三世……

这让我联想到产科病房内的一个房间，小婴儿出生后暂时待着的育婴室。埃及人所有伟大作为（建造金字塔以及伟大法老王的墓穴）的基础，完全奠基在一个基本错误之上：永恒的生命就是食物鞘这个层次的生命。然而，永恒生命和这种认知一点都扯不上边。永恒和时间无关。将你阻隔在永恒之外的，反而就是时间。永恒就是现在。永恒就是神话所指的那个现在的超越性面向。

永恒和时间无关。将你阻隔在永恒之外的，反而就是时间。永恒就是现在。

所有这些事物让你得以了解神话究竟是何物。人们会说：“好吧，你知道的，这也不可能发生过，那也不可能发生过，所以，把神话踢一边去吧！”这些人的所作所为，是要去除心灵鞘和智慧鞘之间的对话所用的词汇，也就是心灵智慧以及有机的生命体智慧之间的对话所用的字眼。

神话中的那些神祇是可以成为你的榜样并为你提供生活角色的，只要你了解他们指涉的是一脚踏入超越界之内的事物。基督教也有“师主”这个观念。那是什么意思呢？是要你到外头去，让自己钉在十字架上吗？当然不是。这个观念的意思是去过那种一脚踏入超越界的生活，就像上帝一样。

正如使徒保罗所说的：“我活着；但那不是我，而是基督住在我里面。”[11] 即永恒的事物在我体内发生作用。这也就是佛性的意含，也就是那个既是整体宇宙，也是你自己的意识状态。

神话告诉你说，如果你以特定方式参与这个世界，你就能得到雅典娜、阿耳忒弥斯以及其他许多位神祇的保护。那就是神话运作的模式，但是今日已经丧失了。生活形式的变化速度太快了，我童年时期认为很正常的形式，今日都不再出现在我们身边了，现在有了另一套形式，所有事物都变迁得非常迅速。神话传统的构成所需要的停滞，在今日的社会已经不存在了。

滚石不长青苔，而神话是青苔。所以，现代人只能靠自己了，自己自由发挥吧！我认为当前是一个无法得到任何指引、就这么跌入未来的时刻。你需要知道的就只是如何跌落；这是你可以学习的。这就是神话的当前处境。我们全都无法得到可靠的指引。

然而，就算情况这么糟糕，你还是能够发现两种指引。一种是找出一位独具特色的人物，这个人是你在年少时期认为高尚而伟大的人物。你可以将这个人当成你的榜样。另外一种方式就是活在自己内心真实的喜悦之中。这么一来，你内心的真实喜悦就成为你的生活。梵语中有个说法：离超越界浑沌的边界最近的思想的三个面向为：存在（sat）、意识（cit）、极乐（ānanda）。[12] 你可以将超越的事物视为一个洞或是一个整体，这两种称呼都可以，因为它远超过文字可描述的范围。我们能够谈论的，就只是超越界的这一边有些什么。关键在敲开字词、打破意象，这样字词和意象才能够指向自身之外。不论字词或意象都会通过它们自己的不透明性，而切断我们的体验。但是上面这三个梵语的概念，将会带领你进一步更接近那空无：存在、意识、极乐。

如今，随着我年岁渐老，我一直在想这些事情。我不知道存在是什么，我也不知道意识状态是什么。但是我很清楚自己内心真实的喜悦是什么：那是活在当下的深刻感受，是“做自己”所一定要去做的事。如果你能够坚持下去，你就已经和超越界“搭上边”了。你可能没有钱，但这无所谓。当我从德国和巴黎游学回到美国时，恰逢1929年华尔街大崩盘的前三个星期，我有长达5年没有工作。那时还没有社会福利制度，这对我而言是幸运的。我无所事事，整天在伍德斯托克呆坐、看书，想要知道该去何处寻找自己内心的真实喜悦。那就是当时的状况，一直处在兴奋的边缘。

所以，我是这么告诉我的学生的：遵循你内心真实的喜悦！你将会体验到极乐的片刻。当这种经验退潮之后，要怎么做呢？就这么停留在那种感受之中，你将会感到更有安全感，也比想方设法要确保未来的收入更为可靠。多年来，我看多了年轻人如何决定未来职业的整个情形。最常见的有两种态度：一种是遵循内心真实的喜悦；另一种是去解读自己毕业之时，什么行业会最赚钱的预测。然而，热门行业是很难预测的。今年计算机吃香，明年牙医热门，等等。不论这些年轻人是怎么决定的，当他们真的采取行动时，行业潮流的方向又改变了。但是，如果他们真能找出自己内心真实喜悦的中心点，他们也许不会赚到大钱，但是会拥有真实的喜悦。

遵循你内心真实的喜悦！你将会体验到极乐的片刻。

你的极乐能够引导你到达那超越的奥秘之处，因为极乐就是你自己内在那超越性智慧的能量泉源。因此，当这极乐不再涌现时，你也将不再能接近这股泉源了；要试着再把它找出来。那将是能够为你追踪那条隐形小径的小狗。它就是这么运作的。我们就是这么发展出自己的神话的。

你的极乐能够引导你到达那超越的奥秘之处，因为极乐就是你自己内在那超越性智慧的能量泉源。

你们从早期的传统中，就可以或多或少得到线索。但是它们必须真的被视为线索才行。正如智者说过的："你无法穿戴别人的衣帽。"在东方盛行，人人都穿戴印度纱丽和头巾时，他们只是受制于自己真正所需的智慧的民俗面向。你必须去找出的是智慧本身，而不是它的炫丽外衣。通过这些饰物，也就是异文化的神话，你能够获得转译成自己之物的智慧。真正的问题就在于将这些异国的神话转成自己的版本。

如今，我在莎拉·劳伦斯学院教授神话课程，几乎所有你能想得到的宗教信仰，我都会涵盖到。有些学生的"神话化"过程，比其他人辛苦，但每个人终究都能找到某种属于自己的神话。我的结论是，任何神话传统都能够被转译成你生活的一部分，如果你愿意让它"附身"的话。若你在很小的时候，就能够有神话"附身"，这是件好事，因为不论你愿意与否，神话原本便是存在的。你所需要做的便是将该神话转译成流利的口语，而不只是读写的文字。你必须学会倾听神话之歌。

任何神话传统都能够被转译成你生活的一部分，如果你愿意让它"附身"的话。

我有个朋友，是一个很有趣的小伙子，他的宗教倾向一开始是基督教长老教派，后来他对印度教产生了兴趣，所以有长达20年左右的时间，他都在纽约担任一位印度教僧侣的助手。后来他前往印度，并正式成为印度教出家人。有一天，他打电话给我，说："约瑟夫，我要去受洗成为天主教徒了。"[13]

好吧，教会现在也对普世整体（ecumenical totality）产生了兴趣，至少他们自己这么认为。当然，当你有机会坐下来和他们同桌共处时，他们会显得一点兴趣都没有。他们手上的牌抓得可紧了。他们处理的方式是打倒其他的宗教系统。我这位从印度教"叛教"成为罗马天主教徒的朋友，之后一直在为某本美国耶稣会（American Jesuit）杂志执笔，他说："不，你不能这样对待其他宗教。如果你和印度教或佛教的思考方式无法接轨，你就要认真去了解，而不只是用一种贬损的方式去解读。”

所以，他被派去曼谷参加一个属于天主教传统的寺院修会的大型会议，就是那个托马斯·默顿（Thomas Merton）在曼谷某饭店因为电线走火而丧命的传奇会议。

有意思的是，我的朋友告诉我，当天参加会议的罗马天主教神父和佛教僧侣之间的沟通完全无障碍。他们都在寻找相同的经验，也都知道这种经验本身是无法用言语传达的。各种形式的沟通都只是努力把听到的人带到混沌的边缘；它是块指示牌，而不是事情本身。但是神职人员却只读到沟通的文字，便陷在字词当中出不来了，而那就是冲突的根源。

我的精神导师海因里希·齐默尔（Heinrich Zimmer）说过一句小小的名言：最好的事物无法言说——它们是超越一切、不能用言语表达的真实。第二好的事物则往往会被误解——那就是神话，也就是为我们指出通往最好事物之路的隐喻性尝试。而第三好的事物就是历史、科学、传记，等等。能够为人们所理解的言说，就是最后这种。当你想要谈论无法言说的第一种事物时，你就要运用第三种事物作为沟通工具。但是人们总是将工具误解为真实；这样，意象就不再能对超越者透明化了。

> 最好的事物无法言说——它们是超越一切、不能用言语表达的真实。第二好的事物则往往会被误解——那就是神话，也就是为我们指出通往最好事物之路的隐喻性尝试。而第三好的事物就是历史、科学、传记，等等。能够为人们所理解的言说，就是最后这种。

最后，我想分享一则小故事，我认为它能够具体表达下面这个本质性意象：过自己的生活、找出自己的生活，并展现勇气去追寻自己的生活。这个故事出自一位 13 世纪无名僧侣所写的亚瑟王罗曼史《圣杯的追寻》(*La Queste del Saint Graal*)。

那是个历史性的时刻，所有骑士齐聚亚瑟王大厅内的大圆桌周围。亚瑟王命令大家不许动用食物，直到有人开始进行真正的冒险。要知道在那个时代，冒险犯难是相当平常的事，所以人们不会饿太久的。

他们都在等待着开始冒险的日子，而这确实发生了。圣杯自己现身在骑士大会中——不是以光芒万丈的本貌出现，而是被一块闪亮发光的大布盖住了。然后，圣杯又自行退场。在场的所有人都被震慑住了，充满敬畏感地端坐着。

最后，亚瑟的侄子高文(Gawain)站起来说:“我提议下面这个愿誓，我们都应该出发去寻找圣杯，以见证圣杯的真面目。”

下面是让我最感兴趣的文本了。它是这么写的:“他们认为集体行动很丢脸。于是，他们一个个从自己选择的地点展开自己的森林大冒险。森林中伸手不见五指，前方既无路也无任何小径。”

你要从最暗的角落进入森林之中，那里什么路径都没有。有小道或小径的地方，那是别人专属的路径；而我们每个人都是一个独具特色的奇迹。

关键就在于，找出那条通往你内心真实喜悦的专属小径。

你了解神话的功能吗？

扫码鉴别正版图书
获取您的专属福利

- 神话的意象能够引导人的心灵，帮人克服自卑，跨越难关，实现人格的完善吗？（ ）

  A. 能

  B. 否

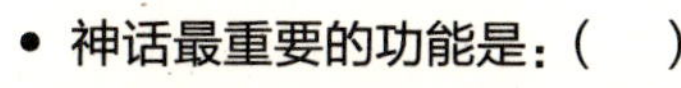

- 神话最重要的功能是：（ ）

  A. 唤醒个人的敬畏感与奥秘感

  B. 呈现一个宇宙体系的意象，用来维持个人的敬畏体验

  C. 为人提供所属社会的生活律法

  D. 让人将内在心理世界与外在现象世界接轨

扫码获取全部测试题及答案，
一起寻找通往内心喜悦的专属小径

- 神话就如同人类的“育儿袋”，它让人舒适自在，但不需要合理，不必然理性。这个比喻贴切吗？（ ）

  A. 贴切

  B. 不贴切

扫描左侧二维码查看本书更多测试题

PATHWAYS TO BLISS

目 录

神话发挥魔力的方式就是通过象征而运作。象征就 像一个自动按钮一样，一按就会释放并传导能量。 世界各地的不同神话系统包含有许多共通的象征。

Pathways to Bliss

Mythology and Personal Transformation

第一部分

人与神话

MYTHOLOGIES PRESENT GAMES TO PLAY: HOW TO MAKE BELIEVE YOU' RE DOING THUS AND SO. ULTIMATELY, THROUGH THE GAME, YOU EXPERIENCE THAT POSITIVE THING WHICH IS THE EXPERIENCE OF BEING-IN-BEING, OF LIVING MEANINGFULLY.

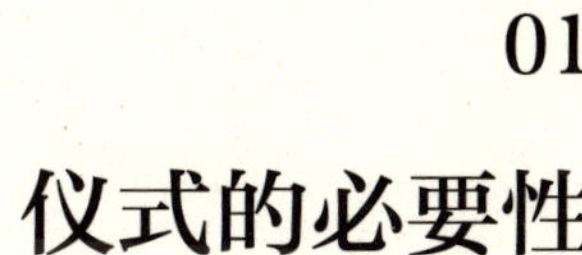

01

仪式的必要性

Pathways to Bliss

MYTHOLOGY
AND PERSONAL
TRANSFORMATION

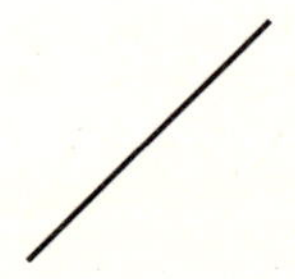

从传统上讲，一个“活”的神话的首要功能，便是要让意识状态与其存在的先决条件，也就是生命的本质，能够协调一致。生命的第一条律法就是现在是我吃你，下一次换你吃我。

神话的功能

从传统上讲，一个“活”的神话的首要功能，便是要让意识状态与其存在的先决条件——生命的本质，能够协调一致。[14]

生命靠生命而活。生命的第一条律法就是现在是我吃你，下一次换你吃我——意识状态可有得消化吸收了。这门生命靠生命（也就是靠死亡）而活的“生意”，在我们刚刚诞生，睁开双眼，渐渐觉察到外在世界发生什么之前，就已经运作了数十亿年；早在宇宙有智人出现之前便是如此。维持生命的器官已经进化到以依赖他人之死来维系自己之生的程度。这些器官拥有你的意识状态根本不会觉察的冲动；一旦你的意识状态有所觉察了，你也免不了会惊慌失措，因为自己就是这种“吞噬—被吞噬”的恐惧所造就的。

这种恐惧对于一个感知敏锐的意识状态所造成的冲击极为可怕——生命竟然是一头怪物。生命是个如此恐怖的“现身”，但它如果不这么恐怖的话，就不会有你了。因此，一直以来，神话的第一项功能就在于让意识状态能够和这一事实协调一致。

神话的头一项原始的规则于是确认了：它们按照生命的游戏规则来拥抱生

命。我相信不会有人类学家记载对世界持否定观的原始神话。当你了解到原始人类每天都在对抗些什么的时候（单单存在就这么辛苦、这么痛苦万分、这么问题重重），就会觉得无比惊人。我研究过世界上许多原始文化的神话，不记得在他们的原始思想中，出现过任何针对存在或宇宙的否定性字眼。在那之后，当一个民不聊生的时期出现时，厌世的想法才开始出现。

肯定生命的唯一方式就要从根源认可它，哪怕那底层是腐臭、可怕的。我们在原始仪式中所发现的，就是这种程度的肯定。某些仪式残暴到你根本读不下去，更别说观看了。然而，这些仪式在年少的青少年心中，呈现出一幅鲜活的意象：生命是个怪物般的东西，你要活，就得以这种方式活着。也就是说，按照部落的传统来活。

肯定生命的唯一方式就要从根源认可它，哪怕那底层是腐臭、可怕的。

这就是神话的第一项功能：意识状态不只要和其存在的先决条件“和解”，也要和感恩、爱协调一致，更要认同生命中的美好事物。经历过了苦和痛，生命核心的首要经验其实是一种既甜又美的事物。这种肯定观通过这些可怕的仪式和神话，对一个人产生醍醐灌顶的作用。

经历过了苦和痛，生命核心的首要经验其实是一种既甜又美的事物。

接着，大约在公元前 8 世纪的时候，出现了我所谓的大逆转（Great Reversal）。某个“既理性又感性”的民族发现自己再也没办法接受生命的日常可怖面目。他们这种世界观在叔本华的笔下得到回响：“生命是一件本不该发生的事情。”[15] 生命是一种基础的、形而上的、宇宙性的错误。许多人发现生命是如此可怕，他们选择了从中撤退。

继而出现的神话又是怎样的呢？那时诞生的是退缩、消解、放弃，也就是否定生命的神话。我们在此发现了神话的逃避规则。我指的是真的逃：遁出这个世界。然而，不论是活下去的渴望，或是“生命不但没能提供你认为它该给的，还变得如此吓人”的怨恨，你如何“删去”自己身上这些本能呢？你如何去平息这种生命之渴或生命之怨呢？方法就是去“礼赞”具有这种功能的否定世界、否定宇宙的神话论。耆那教或早期的苦行佛教就是这种形而上途径的主要例证。

耆那教可以说是至今尚在运作的最古老宗教。至今仍然有极少数的耆那教教徒住在印度孟买附近。他们的第一条律法是“非暴力”，也就是不伤害任何生命。颇具讽刺意味的是，这些教徒属于印度的巨富阶层，因为如果你想选择一个不会伤害生命（至少不是躯体上的）的职业，金融业恰好最符合条件。所以耆那教教徒遂成为极少数的高级精英族群。

正如大多数持否定论的教派一样，这些人分裂成两个社群。一个是非神职人员的教友社群，也就是那些继续住在俗世内的成员。另一个社群则是由那些靠社群供给的出家人所组成。当然，这些人最终根本不怎么需要供给，因为他们遁世入林，全心全意地远离尘世了。

该如何开始呢？首先，你要拒绝吃任何看似活生生之物。你肯定不会吃肉，那是最大的禁忌。但是你也不吃看起来似乎“活生生”的蔬菜。你不会去摘取树上的果子，而是静静地等它成熟落地。想象一下耆那教苦行者的餐桌美食，是多么地赏心悦目！最后，事情演变成只吃些腐叶之类的“食物”，但是借由瑜伽的呼吸法和纪律，你学会了完全消化吃下的每一小块食物的每一个小颗粒。

这种生活的第二个目标是要抛弃所有生之欲望。这个主意不是要在达到这个目标之前就死去，而是要让这两者同时发生。到了终极阶段，你将会发愿每天只走几小步路；每过一段时间，你会继续减少每天所走的步伐，因为你每踏出一步，特别是在树林中，就会对细菌、蚂蚁，甚至土壤都造成伤害。

这个有关宇宙迷人意象的传统观念就是，万物皆为向上提升的有灵之物。你站立的双脚就踏在无数生命之上。在经过无数转世重生之后，这些生命体也终于达到人类这样的形体，然后他们也会脚踏其他的生命体。我认为这是有关整个宇宙的最宏伟意象之一：一整池子的上升活灵魂。它让我联想到打开汽水瓶时会看到的现象—— 瓶盖一打开，所有汽泡都涌了上来。汽泡是自何处而来？又往何处去呢？它们的出处超越所有的范畴，它们的去处也超越所有的范畴。但与此同时，它们终其一生一直在向上升。

万物皆为向上提升的有灵之物。

我们对这个大奥秘存在两种态度。一种是完全肯定。你对任何事都不拒绝。你会控制你的存在、你的价值系统、你的社会角色，等等，但是在你的内心深处，你对一切都不排斥。另一种是否定一切，一路否定到底。除了逼不得已，生命那吓人的一面和你不再有关。你的计划就是全身而退。

依据目前现有的记载，还有第三个系统，那是出现在公元前 11 世纪到公元前 7 世纪的琐罗亚斯德教（Zoroastrianism）。在这个宗教的架构中，光和真理之神（Ahura Mazda）出现并创造了一个完美的世界。欺骗之神（Angra Mainyu）却把这世界毁掉或否决掉了。根据琐罗亚斯德（Zarathustra，又名 Zoroaster）的说法，完美世界的修复工作已经展开了，我们都可参与其中。借由在生活和行为中拥护善、对抗恶，我们可以凭一己之力逐渐协助修复已失去的完美世界。

从后期的圣经传统以及耶稣死而复生等基督教传统中，就可以辨识出这种早已经出现在我们的文化中信仰形式。

上述第三立场提供了一个改良版的神话。这个改良版的世界观要传递的是：通过特定种类的活动，改变就得以发生。通过祈祷、善行或某些其他活动，我们就能够改变生命的基本原则、基础的先决条件。假如这个世界遵循你的“旨意”走，你就肯定它。这就好像为了要让对方进步而与其结婚一样——这并不是婚姻。

据我所知，上述就是高等文化的三种主要神话观：一是通通肯定，二是全盘否决，第三种会说：“我将肯定这个世界，若是它照着我所认可的方式来运行。”当然，最后这个大受欢迎的世俗化立场，在我们四周比比皆是的先进的、改革世界的态度的影响下，是具有发言权的。

一套神话秩序就是一套由意象所组成的系统，并为我们的意识状态提供一种存在的意义感，但这套系统本身不具有意义，它本质如此。但是我们的心智会去探寻意义；除非它知道（或捏造）某套规则，否则它无法运作。

神话呈现出可供心智运作的游戏：如何让你目前如此这般做的一切具有说服力。最终，通过这套游戏，你就可以体验到“存在之存在”的经验以及活得有意义这些正向事物。这就是神话的第一个功能：让个人在面对眼前这个名叫“存在”的怪兽般的奥秘时，能产生一种感恩、肯定的敬畏之心。

神话的第一个功能：让个人在面对眼前这个名叫“存在”的怪兽般的奥秘时，能产生一种感恩、肯定的敬畏之心。

神话的第二个功能在于呈现一个宇宙体系的意象，一个围绕我们四周的宇宙的意象，这个意象将维持并引发我们这种敬畏的体验。这个功能我们可称之为神话的“宇宙发生”功能。

神话的第二个功能在于呈现一个宇宙体系的意象，一个围绕我们四周的宇宙的意象。

真理的问题此时无关紧要。尼采说过，你可以为一个人的信仰带来的最烂观点就是真理。这是真的吗？谁在乎？在神话意象的领域，重要的是“我就是喜欢这样”；这是我生命的源头。质疑一位神职人员落伍的宇宙意象（也就是他对世界历史的主张）的宇宙真实性，你会得到的答案只有：“你是谁？傲慢的知识分子，竟敢质疑一直以来都是我生命泉源的美妙事物！”

人们依赖“玩一场游戏”来度过一生，你却只要扮演老学究，闯进来问一句“可这有什么用？”就毁掉了游戏。一个宇宙发生的意象提供你一个可以玩游戏的场所，这个游戏在协助你，让你的生活、存在，以及你自己对于意义的意识状态或期望，保持协调一致。这就是神话或宗教所必须提供的。

当然，这套系统必须说得通才行。我体验过的最令人混乱的经验之一，是在阿波罗 10 号登月过程中。那是发生在正式登陆月球前的那次飞行，当时三位航天员在圣诞节当天驾驶着宇宙飞船绕行月球，正谈论着月球看起来是多么干燥、贫瘠。接着，因为当天是圣诞节的缘故，他们开始念起《创世记》第 1 章。就这样，这三位航天员念起和他们正穿越的宇宙毫不相干的古老字句，内容描述某位大神在 7 天之内，创造出来的三层蛋糕结构的宇宙，而且这位大神还住在这三人当时所在球体下方的某处。他们才刚指出月球表面简直像闹干旱一样，就开始念“神就造出空气，将空气以下的水、空气以上的水分开了”。这种宗教传统和具体实况之间的整体不连贯性，当天晚上对我造成极为强烈的冲击。对于我们的世界，这是怎样的灾难啊！至今未能有任何东西，可同时像过去这些圣经诗句一样唤醒人们的心，又能够与目前实际上可观察到的宇宙协调一致。

圣经传统的一个问题在于，呈现给我们的宇宙，是苏美尔人在5 000年前所假定的；自那时候起，就同时有两种宇宙模式并存。托勒密体系的地心宇宙论是一直以来就有的，过去四五百年来的主流则是以太阳系和旋转的银河系为主轴的哥白尼日心宇宙论。就算如此，我们还是跳脱不了《创世记》第1章谈到的有趣的小故事。《创世记》第1章和其余章节甚至是第2章一点关系都没有。

因此，神话的第二个功能就在于呈现一个大宇宙的意象，好维持你对宇宙奥秘的敬畏感，并对你接触到宇宙后所体验的任何事物，作出解释。

神话的第三个功能则在验证并维护某个特定社会体制系统：你专属的社会单位得以存在的一套判断是非对错、得体与否的共享标准。

神话的第三个功能则在验证并维护某个特定社会体制系统：你专属的社会单位得以存在的一套判断是非对错、得体与否的共享标准。

在传统社会中，律法和秩序这些主张都被框限在宇宙创造秩序的架构之中：它们同属一个相同的不可或缺的本质，具有同等的正当性，也同样不容质疑。举例来说，在圣经传统中，创造世界的就那么一位上帝。做出在西奈山对摩西颁布十诫律法等作为的，都是同一位神祇。因此这个神圣社会的社会律法，就和宇宙的律法具有同样的真实性。你不能说："天啊，我不喜欢春夏时太阳这么早就升起。我宁可它晚点出来。"宇宙律法和社会律法的法源相同。它们同样无可置疑；也就是说，它们无法被否定。一个立基于神话的传统社会的社会秩序，就如同宇宙本身的律法一样，货真价实而不容置疑，也不得被批判。这些都是你无法改变的；违抗它们你就会招致自己的毁灭。

这就是古老神话传统的道德观的特征。道德标准是既定的，不是人类的议会所能决定的。"这已经落伍了，这很荒谬，这会让我们所有人都完蛋。让我们改变它吧！让我们对这种事理性一点吧！"教会对此没有对策，没有一个传统社会有办法做什么。这就是法律，就是这样。教皇因为避孕的议题而被迫要去面对。他处于一个荒谬的处境，声称自己就是知道上帝对这类事情的看法。

我倒是有些话要对教皇说，当然我还没有机会，但是但丁在《神曲》中，倒是替我给教皇提了个醒！但丁在到达天堂玫瑰所做成的神圣大会堂时，比阿特丽斯告诉他在那里聚集了大量会众。他们在那里看到了华丽的白玫瑰，中间是三位一体的圣者。我们姑且称之为玫瑰圣杯（Rose Bowl）。那里聚集了大量会众，所有在天使堕落之后被创造出来填补空缺的灵魂通通都在那里。比阿特丽斯对但丁说，那里面差不多要爆满了。但那是在 14 世纪，想想从那时到现在，会发生多少事！教皇真是误读了书里的意思。这件事该适可而止了。我要对教皇说的话已经传出去了，信息将被带到。所以，到了某个程度，你就不要再去塞满那圣杯了。那里甚至连站立的空间都没有了。无论如何，圣经传统就是如此。

印度的情形也类似。印度人的概念里不是造物主，而是梵天这个创造出宇宙又亲手收回的非人为力量。这个宇宙秩序不可或缺，它既是治理动植物的律法，也是印度社会秩序的律法（也就是种姓制度）。这些律法不能被改变。它们是宇宙秩序的一种表现。

如今的印度，一方面，种姓制度传统以及来自这个传统的禁忌仍旧阴魂不散，另一方面，因应当前处境而立了新律法，而直到今天，这两者之间一直存在着冲突。几年前，印度某位高僧曾说："如果你要当英国人，就要打破种姓制度。如果你要当印度教徒，就要服从经典。"而经典告诉我们，种姓制度下的每一个阶层都各有其恰当的功能和位置。因此，传统社会的社会秩序就是大自然秩序的一部分，此外还有道德律法这种东西。"道德"这个词汇人们延用至今，但是昨日的道德，可能就会成为今日之恶。它当然可能这样，它也已经变得如此；我的一生都在见证这种变化。

最后，神话的第四个功能属于心理层面。神话必须带领个人通过他生命的各个阶段，从出生到成人、从老迈到死亡。并且必须与个人所属团体的社会秩序、所属团体所理解的宇宙体系以及生命这个怪兽般的奥秘相符合。

神话必须带领个人通过他生命的各个阶段，从出生到成人、从老迈到死亡。这是神话的第四个功能。

第二、第三项功能在我们的世界中，早已被俗世的秩序所取代。我们的宇宙发生论落在科学的手中。而科学的第一条律法就是真相尚未被发掘。科学所遵循的律法都是些运作性的假设。科学家很清楚，事实随时都可能被发现，它让流行的理论变得过时；这经常发生。有趣的是，在一个宗教传统中，教条越老旧，反而被认为越“真”。

而在科学的传统中，一篇发表了10余年的论文就应该被淘汰。科学界是一直持续向前移动的。所以那里没有律法，没有可让你靠着休憩一下的岁月之石。那里没有这类东西，科学是流动的。我们知道石头也是流动的，尽管要经过很长的时间。没有任何事物永远留传，一切都会改变。

科学界是一直持续向前移动的。所以那里没有律法，没有可让你靠着休憩一下的岁月之石。

在当今的社会领域，我们已不再将律法视为“圣法”。以堕胎这个近来的热门议题为例，人们仍然经常听到：上帝对某某长老或某某牧师说过……但这似乎不再讲得通了。上帝的律法无法再为国家法律的正当性“背书”了。国会决定什么是社会秩序的得体目标、哪个机构该促成这个目标。因此，我认为，在当今这个俗世社会中，神话的宇宙发生功能或社会功能，真的不再是个问题了。

然而，在我们每个人的生活中，第一、第四项功能仍旧占有分量，我要诉求的正是这些。我们将发现自己早已远离旧传统。首先就是“敬畏之心”这个问题。而正如我说的，你对敬畏之心可以持上面那三种态度的其中一种。

第四个功能如今体现在教育层面。基本上，神话的这个教育秩序的功能是引领孩子成熟长大和协助年长者逐渐放下退出。婴儿期是属于服从和依赖的时期。小孩依靠父母，向父母寻求建议、协助和许可。然而，到了一定时期，个人就必须要靠自己而不再依赖他人，自己就是权威。我们要能区别对待这个问题的传统态度以及当代西方态度。传统的想法是，已经独立、能够承担责任的成年人应该要接手一切，不再批判社会的律法，而是要代表律法行事。反之，在西方世界，人们希望个人要发展其批判才能，应该在评估自己和社会秩序之后，再贡献出自己的批判意见。这并不意味着要大放厥辞，在你清楚那是什么之前，便大肆批评一番。

我要来好好谈谈最后这一项功能。

神话以及个人的发展

我发觉在不同文化背景下，心理的功能是神话 4 大功能中最恒常不变的。以成长中的个人为例，不论是 18 世纪北美大平原的苏族（Sioux），还是非洲古老丛林中的刚果人，这一功能都一样适用，甚至也适用于生活在混乱的、机械建构环境中的当代都市人，即我们这些正身陷其中的“摩登人”。就人从婴儿床到棺木的心理发展而言，我们通通遵循着一条极为相似的道路。

区分人类这一物种和其他物种的第一个事实，是我们过早的降世。人类出生到这个世间之后，有长达 15 年之久的时间都无法照顾自己。青春期要在出生至少 12 年以后才会到来，而生理的完全成熟则要到 20 岁出头。这一段漫长的“生命之弧”中，有很大一部分岁月，个人处于一种“事事依赖别人”的心理境况。从小所受的训练让我们在遭逢刺激或经验时，都单纯地反应："谁来帮助我？"我们和自己的双亲是一种依赖关系。每个处境都会唤起我们的双亲意象："爸爸妈妈会要我怎么做？"弗洛伊德对这种依赖关系提出了精妙观点。

以念博士学位为例，你可能一直要到 45 岁左右才能摆脱权威的束缚。但就算拿到学位，你可能也永远脱离不了"权威"的身分。你可能会一直陷在学者生涯的繁文缛节当中，不时要指导后辈。你必须有相信自己的勇气，才能将这种"在后辈身上验证自己权威的特权"留给他人。

再举个例子，一位教授和一位运动员同时上了电视，教授在回答问题，运动员正接受着采访。比较一下这两者，你会注意到这位学者说话时总是犹豫不决、支支吾吾，让你怀疑他究竟是否有自己的想法。是什么让他无法畅所欲言？相反棒球选手的回答就很直接，语言中带有权威又十分自然。我对此印象深刻。运动员可能在十七八岁成为最佳选手之后，就会摆脱权威。而可怜的教授一直到头发花白，还会在权威下工作，这实在太迟了。他都该全身而退了。

在人生的特定时刻，社会就会要求这个依赖成性的小可怜虫，蜕变成一个负责任的行动发起者，不再事事求助于父母，而是成为父亲或母亲。

在人生的特定时刻，社会就会要求这个依赖成性的小可怜虫，蜕变成一个负责任的行动发起者，不再事事求助于父母，而是成为父亲或母亲。

在比我们更古老的文化中，青春期仪式的功能就在于带来心理的转化，与课业、成绩的好坏无关。重要的是，你不用矫正自己就能立即承担起责任。在依赖和责任这两种态度之间左右摇摆的人患有神经症：他很矛盾，被往两个不同的方向拉扯。

神经症患者不过就是尚未完全跨越心理阈限的人。他们碰到事情的第一个反应便是："爸爸在哪儿？"却又立刻察觉到："喔，我就是爸爸！"这些在心理治疗师躺椅上泣诉的40岁的老婴儿，往往对事情的第一个反应依赖性十足，随后想到："等一下，我已经是成人了。"

每个人从小被灌输的态度就是要臣服于权威、害怕受罚：总是仰望你上头的人，等他们来告诉你该不该、对不对、可不可以。然后一下子，青春期到了，你该长大成人为自己的人生负责了。那些持续了20年之久、不时诱导你臣服于权威的自发反应，也该弃守了，用"为自己争取权威"来取而代之吧！原始部落的成人礼和青春期仪式就是要叫醒你：醒醒吧！你现在成人了，把你的童年抛在身后吧！

那些持续了20年之久、不时诱导你臣服于权威的自发反应，也该弃守了，用"为自己争取权威"来取而代之吧！

以澳洲原始部落阿兰达人（Aranda）为例，当小男孩开始变得讨人厌且让妈妈难以管教时，女人们便会聚在一起，用棍子痛打小男孩的脚。几个星期之后，非常有趣的事就发生了。男人们会穿着古怪的戏服，装扮成男孩们从小就看过的神明的样子。他们会冲进房内，用牛吼器等来制造出各种可怕的噪音。男孩们会跑向妈妈寻求保护，妈妈们也会假装要保护他们。而男人们会抓住小男孩把他们带出去。这时，妈妈已经无用武之地了，小男孩必须要自己面对这可怕的情形。

男孩们之后要面对的却一点都不好玩。男人们将男孩们赶到一处树篱后头。到了晚上，就会在树篱前面的空地上举办许多热闹的活动，但是不准男孩们看热闹。你能够想象如果有男孩偷看的话会发生什么事吗？他会被杀掉，然后被大家吃下肚。

这确实是处理青少年不良行为的一种方式。只要是不配合支持他的社会的年轻人，直接斩草除根就好了。当然，这种方法的坏处就是会剥夺社群的原创性：只有好孩子才能存活下来。

过了一会儿，每个男孩都有机会去外头看看热闹。一个十二三岁、吓坏了的男孩会在树篱外围坐下来。在这个“舞池”的尾端，会站出一个奇怪的男人，他会表演宇宙袋鼠的神话。接着宇宙天狗出现，开始攻击袋鼠。这场表演只是呈现出图腾祖先这个神话的一部分而已。而这个小家伙正坐在角落，观看这场表演时，这两个大家伙会冲过来跳到他身上，不停地往他身上跳。

这么一来，小家伙永远忘不了那袋鼠和天狗了。这场戏可能有点粗糙，不过小男孩准能抓到重点，因为重点不过几处而已。小男孩所有的童年双亲意象，都在表演中转移到了部落的祖先意象上。

刺激的还在后头，更多表演陆续登场，男孩会被割去包皮。他会拿到一个特别的小玩意作为他的护身符，用来治愈伤口、保护他，并成为某种个人偶像。男人们用自己的鲜血喂食男孩。他们割开自己的臂膀放血出来，小男孩以男人的血维生：吃血饼、喝人血汤——小男孩全身被倒满鲜血。

当一切都结束时，男孩就不再是举行仪式前的那个小鬼了。太多事发生了。他的身体整个产生了变化，心灵也改变了，接着，他被送到一群女孩子当中。

女孩子当中有一位是动刀帮男孩割包皮的男人的女儿，她是男孩未来的妻子。男孩无从选择，不能自主决定。他没有机会说：“我不喜欢这样。我要其他女孩。”他是一位“认证过”的小大人了，他必须表现得同这伙人中的男人一样才行。[16]

这些原始社会每天都要面对生死存亡的问题，因此新成员的入会方式就要够震撼，好让他知道自己的本能反应必须符合社会的需要才行。社会将他塑形入轨：他被修整、剪裁成某个特定有机体的一个器官。拜托，不要再有依赖他人的想法了。

在被传统文化所笼罩的社会疆界内过日子，成熟度是必要的条件。你成为道德秩序的载体。你强化它。你相信它。你就是它。

在被传统文化所笼罩的社会疆界内过日子，成熟度是必要的条件。你成为道德秩序的载体。你强化它。你相信它。你就是它。

而我们文化的要求并不相同。我们会要求自己的学生或孩子有批判的态度、要运用自己的大脑、成为独立个体、为自己的生活承担起责任。在我来看，有些小孩似乎独立得太早了些，但整体而言，这不失为开发伟大创意潜能的好原则。然而，这么做在我们的“神话关系”上会带来一个全新的问题。不像传统文化那样，我们不会试图以极端的外力，将传统烙印在个体身上，并使得个体成为过去一切的活的复制品。反之，我们的观念在于发展个体的人格——这是一个相当特殊的当代西方问题，你们知道后可能会很惊讶。

以印度为例，他们就期望个人的所作所为，完全按照传统上这个人所隶属之阶级对他的期望。对我们的感知而言，已属于“惊怖”程度的“萨提”（*satī*）这种寡妇陪葬自焚的古老仪式，其实是来自“萨特”（*sat*）这个梵文，而这个字是“即将成为”（to be）这个动词的阴性形式。一位彻头彻尾履行其责任的妇女就是“某物”，这是为人妻该做的。而不服从“萨特”，不服从“法”（dharma），就是“非物”。

这个观点和西方的观点刚好背道而驰。在西方，如果一个人只是按照权威所说的那样活着，人家告诉他该怎么样就怎么样，完全认同自己和自己的社会角色，我们会叫他老古板（fuddy-duddy）——“这个人不存在。”

接下来，我们来说一说所有人都必须面对的一个心理转化：从成人到老迈以及力量丧失这一转化过程。在原始社会以及古代所有高等文化中，这个转化比起医药高度发展的西方社会，会更早到来；在许多社会中，老年危机开始的时间，真是早得吓人。无论如何，不管什么时候会降临，它就是来了。

就在你压抑一切不容于自己所属社会秩序的心灵悸动、努力完成学习之际，就在你见多识广、主导一切之际，你也开始走下坡了。你总是记不住事情、手的力量减弱、身体比以前容易疲累、睡眠比行动更具吸引力——你开始退场了。更有甚者，另一个留着不同发型、活力充沛的新一代尾随而至，你会想，好啦，都交给他们吧！神话也必须照顾到这一“退场”处境才行。

当你生命的所有能量，以及这个世界对你所要求的所有能量，都已经应用在某个既定的社会秩序所设定的目标时，蓦然回首，你却发现这些目标已经有所改变，也不再会影响你的行动，这时，你就会陷入一种精神上的困境。你的心灵能量退回到存在的深层领域，那是这个社会所没有要求的，那是当你被“塑形成人”时“暂停营业”的那些部分。

你的心灵能量退回到存在的深层领域，那是这个社会所没有要求的，那是当你被“塑形成人”时“暂停营业”的那些部分。

弗洛伊德所谓的“廉价力比多”（disposable libido）这时便会在一旁伺机而动。过去不允许你去做的事，突然变得很有意思了。举个例子，你们都听说过中年男子的故事吧！他已学会所有该学会的事，也完成了该做的事。他现在什么都可轻松完成，所以就有很多空闲时间。

要怎么打发那些多余的时间呢？他突然想：“喔，我为了今日的成就都放弃了什么！”此外，既有的成就本身也显得越来越无趣了。我不喜欢把这些告诉我的学生，不过，所谓的成就确实不值得追求。

无论如何，这位父亲开始看到自己过去不曾注意、在远处闪闪发亮的大眼睛。这些年轻女孩似乎比他年轻时记忆中的女孩更加美丽动人。他的家人也注意到了："爸爸怎么了？"

他也可能计划好在赚到一切之后便退休。那么，退休后要做什么呢？他打算投身于年轻时的最爱，譬如说钓鱼。因此他为自己配备了各种仪式性的工具：专用的钓鱼帽、钓鱼竿、各种假蝇、各式各样的钓饵等，不一而足。这老家伙把该有的都齐备了。他喜欢什么就让他去买，随他去；他甚至租了间猎钓用的小木屋。

好了，他在做什么呢？他正在钓鱼；他在 12 岁时最后一次做的自己爱做的事就是这个。他拉上来的是什么？是鱼。他的无意识其实在等什么？美人鱼。

他其实是精神崩溃了——这话可不是在开玩笑；这是一个在美国有记录可循的现象，涉及数以百万计的自以为很清楚自己在努力些什么的中年男子。他们计划去钓鱼，却突然想到自己已婚、有小孩、必须没日没夜地工作赚钱，而且身旁的人也都在协助他们好好工作，都希望有一天他们能退休、做自己想做的事。与此同时，他心里有个东西也悄悄地扩张了；他不是准备去钓鱼，他仍旧在想年轻女孩，然而却不是凭想就能得到的。因此，他就到精神病院去，让罗蕾莱（Lorelei，德国民间文学中传说的女妖）从自己的无意识中以非常倒胃口的外形，一个个冒出来。那就是廉价力比多的力量。

母亲又如何呢？我们都很清楚母亲做了些什么：她为孩子放弃了一切，为孩子付出了一切。或许除了被我们称作爸爸的顽固老头之外，她也曾经有过几个可爱的恋人。如今，孩子们长大离家，空巢期降临。生命变得很空虚，想要抓住生命的愤怒再度出现。走了，全都走了，母亲放弃自己一切所换来的，全都走了，她贡献出自己的力比多所付出的一切，全都不见了。

她抓狂了，成了所谓的恶婆婆。她帮你把孩子带大，告诉你何时关窗、何时开窗、蛋要怎么煎——总之，她什么都要管。这是个很可怕的危机。这些内在的心灵力量以一种强迫性方式冒出来，她根本无法控制。外人有时看得出她在拼命克制：我不能再这样下去。但是，老天爷，她又这么做了。

古老的神话系统也必须能照顾到这个问题才行。神话系统必须将人们从依赖带领到可承担起整个宇宙的阶级，再过渡到不再被需要的阶级。传统社会有个想法很棒：老人是有智慧的。因此，大家都对此深信不疑，也会去寻求老家伙们的建议和赞同。社会上就出现了老年人委员会和元老院，也就是说，这种社会找出了老人可参与其中的方式。

神话系统必须将人们从依赖带领到可承担起整个宇宙的阶级，再过渡到不再被需要的阶级。

我和美国国务院“往来”好几年了。那里的人告诉我，他们的一大烦恼就是不得不去做驻外大使、总统或内阁要他们做的事。在国务院工作的人知识都很渊博：他们知道自己该做什么。然而，他们只是代理人而已；决定方向的是那些给共和党或民主党捐了大笔竞选经费，因此成为了某某驻外大使的人。这些人都上了年纪，他们却老是要“指挥”国务院的专业外交官。我从许多国务院工作人员那里听说，他们的主要烦恼在于尽可能地、慢慢地去完成交办的工作，好尽可能减少因此带来的灾难。

拥有权威的是那些老家伙。我们尚不知道该如何“处理”他们，但是古老的传统社会却有办法。他们累积经验得知的理由是：江山易改，本性难移。在老家伙眼中，过去和现在的做事方式差不多。所以，你就可以问老家伙们，过去是怎么做事的？你得到的答案总会有些参考性。不过，这已经行不通了。

接下来，神话秩序该协助我们有所准备的，还有最后一段人生的过渡时期：黑暗之门后面的旅程。

让我先来讲一个关于巴纳姆贝利马戏团（Barnum and Bailey's Circus）的小故事。过去马戏团内都会专门搭个小帐篷好表演畸形秀。你付50美分就可以进去看一些畸形的怪人，还会看到现场摆的很多标语："长胡须的女士"、"世界最高的男人"、"活骷髅"等各式各样的营生。因为有太多的秀可看，大家流连忘返，不肯离去，帐篷很快就挤爆了。这种现象会造成一个问题：人们不想出去时该怎么办呢？有人想出个好主意，把出口处的标语拿下来，换上一个牌子，写上："散场大戏往这个方向。"当然，每个人都想看散场大戏！

我们也可以想出类似的小故事好协助人们走完人生的最后一程。你走出那扇门，外面是那么美好。那里有竖琴可弹奏，大家都在那里迎接你……

当社会开始说，我们这里真的不需要你时，你的能量就会再度回归心灵。你会怎么处置那些能量呢？

当社会开始说，我们这里真的不需要你时，你的能量就会再度回归心灵。你会怎么处置那些能量呢？

我最近去了一趟洛杉矶，看到许多老人站在一个转角。我问身旁的朋友："这些人在等什么？"

我的朋友回答说："他们在等去迪士尼乐园的穿梭巴士。"

这确实是照顾老人的好方法之一。其实，整个迪士尼乐园就是"幻想现象学"的向外投射。如果这些人没有能力创造自己的幻想世界，他们大可进入沃尔特·迪士尼的想象之中，好让他帮助大家。

这就是一直以来宗教在做的。宗教提供一些让人们去想象的事物，那是对于神圣的存在、天使以及"外头那儿"的想象。那会带给人们许多娱乐，也能够让人不会成为恶婆婆或其他人的麻烦事。

我要说的是，在神话中所指涉的“外在世界”其实（以心理学的术语来讲）指的是“内在世界”，这是个基本的神话原则。而在神话中，“未来”其实是指“现在”。

有一次，我在一个英国国教的结婚仪式中，无意中“偷听”到牧师对新人说了类似这样的话：“要以珍藏永世生活的方式，来过你们婚后的新生活。”我认为这段话的措辞并不是全然正确。我想他要说的是：“过你们的新生活，共度你们的婚姻，就像你们正在体验永世生活一样。”因为永恒并不是一段很长的时间。

永恒并不是未来或过去。永恒是现在的一个维度。它是永恒的人类精神的一个维度。找出你自己的永恒面，那么不管是面对时间或生命的长河，你都可以轻骑过关。而能够协助你反思这种贯通个人存在和体验的跨个人、跨历史维度的知识的，就是神话的原型——活在世界各个神话之中、永久支撑着人类各种生活模式的永恒神话象征。

未来的神话

今天通过这个演讲，我们知道了什么？我想，很显然地，从我今日所讲的一点点内容，可以知道神话系统具有哪些功能，它会照料好太早来到这个世界的受造物——人类。它将我们从幼儿期带领到成熟期，从壮年带到我们的二度幼儿期，接着带我们走出那扇黑色之门。大多数的神话都会告诉我们，父亲、母亲有一天都将走出黑色之门，祖先们都是这样过来的。你会喜欢那里的，你所有的老朋友都在那里，往前走吧，不要害怕死亡。它像是某种心理上的幼儿园。

对我而言，有个意象很早之前便出现了：它是另一种出生过早的动物是有袋动物——袋鼠、沙袋鼠或负鼠的婴儿。因为没有胎盘，它们无法待在妈妈的子宫里发育健全后再出生。这些小东西在大约 18 天大，还在妊娠期时就被迫出生了，它们会爬进妈妈肚子的小育儿袋里头。小东西在里面会紧紧贴着妈妈的乳头，直到它们能够爬出、站立、走动为止。

育儿袋是它们的第二子宫，还是个能看风景的子宫。

我认为神话等同于人类的“育儿袋”。我们需要神话，正如同有袋动物要靠育儿袋安全度过羸弱的婴儿期，直到能爬出育儿袋大声宣告：“我，哇啦！我长大了。”

因此，为了能够协助个人成长，神话系统不需要是合理的，不必然是理性的，也不用是真实的；它该是能让人舒适自在的，就像个育儿袋一样。你的各种情绪可以在里头发展，直到你觉得不会有危险出来为止。然而，随着神话的解离——这正是当今社会所发生的，你就少了那第二个子宫。理性的态度会告诉我们：“喔，这些老旧的神话，它们都是胡说八道。”这种态度已经将育儿袋扯掉、撕碎了。

为了能够协助个人成长，神话系统不需要是合理的，不必然是理性的，也不用是真实的；它该是能让人舒适自在的，就像个育儿袋一样。

这么一来，会怎样？就会有许多无法从第二个子宫“毕业”的流产儿。这些人被丢出来，全身光溜溜地四处乱跑，因为太早降临这个世间，一切都必须靠自己。

一个小胚胎被丢到这个世界，会怎么样呢？作为一个保温箱内的早产儿，已经够艰难了，但少了这个“育儿袋”，少了神话的教导，心灵就会整个扭曲。

我们当代的传统发生了什么？问题就在于科学已经让西方主要宗教的主张

失效了。《圣经》中的每一个宇宙产生的主张，都被科学所驳斥；对照你从天文馆望远镜所窥视到的外层空间，圣经中的宇宙意象简直荒谬透顶。当你深探考古学家和古生物学家所打开的过去的深渊时，你就会觉得这个历史意象真是荒谬极了。

我们依赖、深信的概念——上帝不在我们之中，而在上方那个神圣社会——整个被颠覆了。没有人敢发誓自己相信圣经中所讲的。他会假装说："好吧，这不是问题，我喜欢当基督徒。"

如果我们从小被教导不可以说心口不一的话，我们就会因此而迷失了方向。更加雪上加霜的是，来自东方文化、刚果人、爱斯基摩人等的新观念的闯入。我们身处一个尼采称之为"什么都比"的竞争时期。"所有人都相信同样事物"的单一文化视域，再也不存在。换句话说，我们每个人都被丢入漫无律法的冒险森林之中；所呈现在你眼前的，没有一项真实到能够让你接受。

科学的整个重点就在于没有事实，只有理论。你不会相信这些事物；它们不过是下一条信息可用来转化的假设。我们被教导说：不要固着、保持开放。

但是我们的心灵承受得起吗？

曾经有段时间，西方文明的种种神话都像这样各行其事。在罗马帝国的最后几年，近东的基督教信仰被强加在欧洲的个人主义之上。一方面，圣经传统强调自我要臣服于神圣社会；另一方面，欧洲原有传统却高度肯定个人的启示和成就。公元 12 世纪时，这些敌对的欧洲各传统之间，发生了可怕的分裂。如果你喜欢文学的话，会知道最能够呈现这段历史的，就是亚瑟王的传奇。故事中的骑士虽然以基督教英雄之姿而耀武扬威，其真实身份却是凯尔特诸神；在特里斯坦（Tristan）和伊索尔德（Iseult）这位少女版赫洛伊丝（Heloise，法国哲学家阿贝拉德"Abelard"的学生兼爱人）的爱情故事中，诸神就这么说过："我的爱是我的真实，我愿为此忍受地狱之火。"

这个冲突最终带来了文艺复兴、宗教改革、理性时代，及后世所有类似的思想改革。

我认为我们现在要去找的，正是 12 世纪、13 世纪的人们，在其文明倒塌之际所追寻的来源：诗人和艺术家。这些人能够看穿当前的破碎象征，并开始去编造新的可行意象，也就是"对超越者透明化"的意象。当然，不是所有诗人和艺术家都有这个能耐，因为许多诗人和艺术家对神秘性主题不感兴趣；有些有兴趣，但所知有限；有些有所了解的诗人和艺术家，却把他们自己的个人生活，错当成全人类的生活——将自己的愤怒变成了所有人的。然而，我们当中一直有伟大艺术家出现，他们解读当代场景的方式，能够让伟大的"基始观念"（elementary idea）得以闪耀万世，并描绘、启发个人的历险旅程。

我们当中一直有伟大艺术家出现，他们解读当代场景的方式，能够让伟大的"基始观念"得以闪耀万世，并描绘、启发个人的历险旅程。

曾以这种风范引领我的两位伟大艺术家是托马斯·曼和乔伊斯。就以《魔山》和《尤利西斯》为例好了。书中以当代为背景——至少是第一次世界大战那个年代，却通过神话学的语汇来诠释。比起圣保罗，你们在斯蒂芬·迪达勒斯（Stephen Dedalus,《尤利西斯》的主人公）以及汉斯·卡斯托尔普（Hans Castorp,《魔山》的主人公）这两位人物的经历体验中，更容易找到共鸣。圣保罗的确做了许多事，但那是远古之前在远方所发生的事。我们现在已不再骑马，也不会穿着罗马拖鞋四处行走——至少大多数人不会如此。而斯蒂芬·迪达勒斯和汉斯·卡斯托尔普则身处当代文化圈。他们的体验和你们切身的冲突、难题较有关联，也因此可以成为你认知自身体验的榜样。

02

穿越时空遇到神话

Pathways to Bliss

MYTHOLOGY
AND PERSONAL
TRANSFORMATION

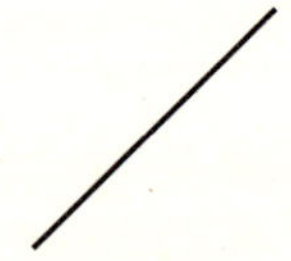

我们在世界所有宗教中都可以找出相同的基本神话主题。神话的意象是一种语言，一种表达我们最深层人性的某种本质的通用语。它在其所属的各个不同地区都受到种种的扭曲。

神话的表面和实质

我们可能理所当然地就将神话定义为“其他民族的宗教”。[17, 18]同样地，我们也可以轻轻松松地来为宗教下定义：它不过就是被误解的神话嘛。通常，这种误解主要是由于我们对神话象征的错误诠释，认为神话象征涉及历史事实。而这个问题在西方传统又别具关键性，因为我们总是在强调作为教会创立基础的宗教事件的史实性。

我们在世界所有宗教中都可以找出相同的基本神话主题，从最原始的部落到最繁华的都市，从北美大平原到欧洲森林，再到波利尼西亚的珊瑚岛。神话的意象是一种语言，一种表达我们最深层人性的某种本质的通用语。它在其所属的各个不同地区都受到种种的扭曲。

巴斯蒂安是19世纪非常伟大的一名德国医师、旅行家、人类学家；19世纪60年代时，柏林大学还特意以他的名字设立了人类学的讲座。巴斯蒂安经常去各地旅行，也相当关注他所邂逅民族的风俗习惯。他接触到的象征，不论是本土性的或是宇宙共通性的面向，都能够激发他的灵感。为描述象征的宇宙共通面向，他创造了“基始观念”这个专有名词。当然，不会有“基始观念就这么赤裸裸地把自己呈现出来”这回事；它总是会以某个特别的文化正在体验它的方式出现。因此，巴斯蒂安就创造了另一个名词“民俗观念”。基始观念总是和某个特定的文化脉络形影不离，那就是种族的脉络。

譬如说，当你们读北欧或东欧的神话故事和民间传说时，总是会读到“黑暗森林深处，经常会有来自可怕大野狼的威胁”。而当你们读到波利尼西亚的神话故事和民间传说时会发现经常出现的元素就变成了黑暗大海的深处，以及可怕大白鲨的威胁。

人类学家或社会学家会告诉你们，这两个神话主题无法这样被放在一起比较。北欧人受森林和野狼的影响，而波利尼西亚人受海洋和鲨鱼的影响，仅此而已，没什么好说的。但是，任何一个和我一样曾在两个不同地点看过同一出舞台剧的人，将能够轻易看出该思考方式的谬误。年轻中国演员在香港地区饰演的哈姆雷特，和年轻犹太演员在百老汇舞台剧演出的哈姆雷特，是不一样的。然而，你不会认为在香港地区演出的不是莎翁名剧而是中国戏剧，正如你也不会认为百老汇版的哈姆雷特是出犹太剧一样。因为其中的核心剧情以及剧中各角色之间的关系，和正版莎翁名剧一样，原汁原味，没有变质。

超越意识状态这个界域的深层黑暗奥秘，在欧洲的代表就是黑森林，而在波利尼西亚的代表就是深层海洋。奥秘之中的强烈危险也会以不同的伪装之姿现身：不论是大野狼或大鲨鱼，都是相同原初恐惧的表现。

奥秘之中的强烈危险也会以不同的伪装之姿现身：不论是大野狼或大鲨鱼，都是相同原初恐惧的表现。

因此，你们读过不同的神话之后就可以了解到（再回到上面那个舞台剧的隐喻），重点不在于扮演哈姆雷特的是中国人还是犹太人，而在于演员当下扮演的是什么角色。这些角色自有其连贯性，对于所扮演的人物也会有不同等级的限制。因而，当某个角色在向你诉说的时候（不论是穿着大野狼还是大白鲨的戏服），你就会知道他正在演什么，也不需要任何学者来告诉你什么时候该感到害怕。

这个事实也让我们得到下面这个结论：这些象征的首要映射（例如，童贞女生子）绝对不可能会是历史事件。如果真有这样的历史事件发生，那么在发生之前，单单就“象征的具体展现”这一点来看，这个特殊的历史事件就应该具有精神上的重要性了。

基督教传统在区分“耶稣”和“基督”这两个名词的意义感时，出现了一个非常具有决定性的问题。“耶稣”指的是一位历史人物，“基督”则代表一个永恒的原则，即上帝之子（他是亘古永存、被祝福的三位一体中的第二位，因此不是个历史人物）。西方传统的意义感在于，“耶稣”这个历史人物，不论现在或过去，都是被祝福的三位一体中的第二位在这地球上的肉身。

这么看来，能够将我们的传统与印度教或佛教进行区分的关键点就是，我们可以说这个肉身是独一无二的——这在我们的传统中，有其特定的威力。然而，基督教的关键点不在于“这个肉身是独一无二的”这点，而是这个奇迹（基督之生、死以及一生行迹所遵循的不朽原则）应该对人类个体的精神有所影响。德国神秘主义者西勒修斯（Angelus Silesius）有一句很棒的诗句：“有什么用呢，大天使加百利，你带给玛丽亚的信息 / 除非你现在能捎给我同样的信息？”[19] 同样地，伟大的神秘主义者爱克哈特（Meister Eckhart）说过：“对于上帝而言，比起耶稣出生于伯利恒的事实，基督是童贞女之子这件事更有价值。”[20]

这真是个极其重要的观点！许多宗教意象被我们的宗教独断地断言为历史真相，而在今日已难以从历史的角度来诠释。譬如说，《圣母升天图》（*Assumption of the Virgin*）这幅提香的名画，只会带来下面的问题：天堂在哪里？在头顶天空的某处吗？当代的宇宙科学可不允许我们太拿这个想法当真。这些信仰条款和历史、物理科学有所抵触了，而我们不得不承认，科学已经主宰了我们的生活并提供日常生活的一切所需！这种抵触破坏了人们对这些象征性形象的信仰；它们因为“不是真的”而受到排斥。[21]

既然这些象征的主要真实不在于历史而在于精神上的指涉，“历史性证据在客观真实层面上反驳这些神话”的事实，应该是无法让我们和这些象征“撇清关系”的。这些象征由我们的心灵生根发芽；它们由我们的灵性发声，也对我们的灵性放话。它们其实是沟通的载具，穿梭于我们的深层精神生活，以及我们用来管理日常生活方式、相对较浅薄的意识状态。

这些象征由我们的心灵生根滋长；它们由我们的灵性发声，也对我们的灵性放话。

而当这些象征，这些我们的大我和小我之间的沟通载具被拿走时，我们的内部通信器都没了。这种分隔只会让我们成为精神分裂症患者；我们活在意识的世界里，与深层的世界相隔甚远。精神分裂症就是被分裂成两半的人，盲目跳入了深层那个充满现实的夜海。他们对这片海域一无所知。

这里有个基本的神学配方：神祇是人格化的精神力量。得不到认同的神祇就会变得像恶魔一样危险。若你久不与神祇沟通，若它们的信息无人听见或被人留意，它们就会无可避免地突围而出，这时，你的意识生活将会被推翻。而你要付出的代价，深不见底。

神话来自曾经搜寻过自己最深层世界的那些人的心象（vision）。文化的形相就建立在神话之上。譬如说，整个中世纪文明就建立在一个伟大的神话意象之上，即人类堕落与救赎的神话（这是一个伟大的神话，其诉求是属于神话性的而非历史的）。而中世纪文明的建构就在于将救赎的信息和恩典传递给这个世界。一旦你质疑这个神话所依据的事实（或是依附神话之上的历史事实）的历史真实性，一旦你排斥“重现”神话的那些仪式，文明也会因此消解。中世纪文明确实是在引起文艺复兴的“重新出土”希腊罗马观念（即欧洲个人主义精神）的重压之下，才“垮台”的。因此，一个新的文明于焉浮现，好让意识状态的种种发现，都能够符合心灵的内在真实。这个心灵在新的时代，受到了新的梦想、心象、信念以及对成就的期望所启发。换言之，一个社会结构的进化，是会因为个人不变的心理需求与新感知的大宇宙观相互关联而产生的。

神话来自曾经搜寻过自己最深层世界的那些人的心象。文化的形相就建立在神话之上。

神话如同梦境，从想象之中产生。梦境有两种规则。一种是单纯的个人梦境。在这种梦境里，你纠缠在对生命的扭曲、抗拒之中，不得脱身，愿望和禁忌之间的冲突、弗洛伊德学派心理分析讲的那些，等等，这些我会在后续讨论。还有另一个层次的梦境，我们称之为心象之梦。做这种梦的人，早已超越个人的界域，并直接面对宇宙共通的大问题，也就是大型神话所传递的那些问题。譬如说，当你面临大危难的时候，支持你并带领你渡过难关的是什么？你有能够支撑你，并带领你渡过难关的力量吗？或者，你以为可作为支撑之物的，却发挥不了作用？那是潜藏在你生活中的神话对你的测试。

你们记住，一个以传统为基础的神话文化，一个功能正常的神话，会具备以下 4 项基本功能：神秘性、宇宙性、社会性、心理性。

在当今世界中，神话的社会性以及宇宙性这两项功能，已经从我们身边消失不见。当今的宇宙意象，和我们从小熟悉的宗教传统所传递的宇宙意象，已经南辕北辙了。

同样地，今日的社会秩序也和摩西诫律时代所编撰的社会秩序完完全全不同。今天，我们会认为道德的内容是人类可以评判的，而不是在某座山上交付下来、世代相传的绝对真理。也就是说，外在条件一旦改变，道德秩序就跟着改变。光是我经历过的，道德秩序就已经变得昨是今非了。昨日的社会律法不再是今日的律法。我曾在莎拉·劳伦斯学院教书长达 38 年，光是就这几十年来年轻女性的性道德观是如何转变的，我就能说上好几天。一切和过去不同了，就是如此。如果你们想要以 30 年前我的学生的思维来评判今日的行动是行不通的。

这些务实的、科学的、社会的进程，就这么独自前进、演化，不论你喜欢与否。然而，生、老、病、死这些基本心理问题，以及神秘的宇宙问题，在本质上依然未变。因而，我们才能够从心理性的立足点重新诠释、重新体验、重新运用被科学和当代生活条件宣告无用的伟大神话传统，即使从这些神话的宇宙性和社会性的参考点来看，它们是多么地与现世脱轨。

神话的诞生：原始和早期的社会

我现在想简要地谈谈今天演讲主题的基本历史面向。人类这个物种在历史上经历了三个伟大的时期。

首先是原始时期，它从意识状态的破晓一直延伸到书写的发展。在世界某些角落，直到今日仍然存在着没有书写文字的社会。生活在那里的人们和大自然非常亲近。不论在时间上还是空间上，他们的视野都非常封闭。他们缺乏早期的生活记录，因而他们对时间和过去的认知都很少。可以说，他们的生活非常接近刚开始有人类历史的那种“无时间感的时期”。对他们来说，祖父生活的时代就已经算是神话时代了。

接着，在公元前 3500 年左右，伟大的中段时期来到，起源地在近东的美索不达米亚。一时之间，城市出现了，随着城市的发展而产生的书写、数学、轮子、王权、邦国等发明，也相继登场。所有这些都在公元前第四个千禧年的中期开始具体成形，然后从美索不达米亚逐渐扩散到埃及（约在公元前 2850

年），接着到了克里特和印度（约在公元前 2500 年），然后是中国（公元前 1500 年左右），最后随着奥尔梅克人（Olmec）在公元前 1200 年左右到达美洲。[22] 这种极具风格、在全球扩散的传统，和原始时期、没有书写文字的世界，属于完全不同的秩序。

最后我们来到第三段时期，也就是起始于欧洲文艺复兴的当代时期。科学化查证和实验的发展，以及对自然的实证诠释都在这个时期首次登场。当然，这个时期的动力躯动式机械的发展，也带来了机械化和工业化，并造就了一种崭新的、前所未有的世界文化。

在第一阶段、文字尚未出现的时期，有两种主要态度。其中之一就是北方大平原（加拿大、美国、西伯利亚、北欧以及其他一些地方）狩猎民族的态度。

那些地区的生活以狩猎为中心，并且由男人们为大家带回食物。在这片广阔的地理区域，我们可以观察到，一种基本上由男性主导的心理学和社会学在运作着。对狩猎部落而言，一个男人是否是一位好猎人，会产生很大的影响。由于狩猎民族不可避免地会和其他狩猎民族持续发生冲突，这位猎人是否也是一位体格强壮的斗士，对部落而言同样重要。因此，这类社会会极力强调、褒扬男性的英勇。在这种社会中，男性的阳刚之气得到极大的关注，人们培养并褒奖勇气、猎杀技术，并强调成功、必胜。

狩猎文化以死来维生。其成员一直在猎杀动物，而且不光杀死它们，还会穿动物的皮毛、住动物皮毛做成的小屋，等等。他们活在一个血流成河的世界。原始民族和我们不同，并不会认为人类和动物的层级有高低的区隔。猎杀一只动物和杀死一个人，对他们来说差别不大。所以他们的心灵要足够强大，要能对抗这种不间断地杀戮才行。于是，下面这个观念渐渐成为主流：所谓“死亡”这种事根本不存在。他们相信，只要应当进行的特定仪式都照常举行的话，自己猎杀的动物会再回来。只要你让血流回土地，生命就会传递下去，动物也会再度回来。我们至今仍然可以从传统的犹太饮食法中找出这条原则，即肉类食物在烹调之前必须先行放血[23]——犹太人原本就是个以狩猎和畜牧为生的民族。我们也可以在加拿大中部的爱斯基摩人（Caribou Eskimos）身上发现这个神话。这些民族视动物为“自愿牺牲者”，动物“自告奋勇”成为猎人武器下的牺牲品，猎人们彼此心照不宣地进行着特定的仪式，好让动物可以再复活，以再度交出自己的躯体。

这些社会对于大自然无比尊重，从不会猎杀超过自己所需的动物。如果他们大肆滥杀的话，他们确信第二年动物将不再出现。因此他们只会猎杀自己实际所需的量，也会感谢动物，并进行应有的仪式以确保明年食物会再次“自动送上门”。如此尊重大自然的民族是绝不会滥垦大地的。

接着西方传统出现了，这种文化下的人类天生就滥用动物、大地，以及大自然的万事万物，对它们一点都不需要加以尊重。“神说，我们要照着我们的形象，按着我们的样式造人，使他们管理海里的鱼、空中的鸟、地上的牲畜、爬行的昆虫以及地上的一切。”[24] 大地只是尚未被人们征服而已，它本来就是为人类所用之物。这真是种残忍无情的态度。

我想我该来说个小故事了。这个相当迷人的神话故事，清楚地阐明了狩猎民族的观点。故事来自蒙大拿州的印第安黑脚族（Blackfoot）部落。这个部落以一种独特的手法将美洲水牛群赶下悬崖，即所谓的水牛之落（buffalo fall），然后将这些动物在悬崖谷底宰杀掉。有一年，某个小部落无法让附近的水牛群走过悬崖边缘，而冬天的脚步近了，再这样下去族人都要饿肚子了。

Pathways to Bliss

一天早晨，有个年轻女孩出门去为家人打水。她抬起头，看到了那群高高站在悬崖边上的水牛，于是说道：“嘿，如果你们愿意走下那悬崖，我就嫁给你们中间的一个。”看看接下来发生了什么事！女孩大吃了一惊，真的有许多水牛蜂拥跃过悬崖，跌跌撞撞地冲到下面的石头堆上。

到此为止，这真是个奇妙而愉悦的经历。然而，最后下来的那家伙却向女孩走去，对她说:“好了，小妞，跟我走吧。”

“喔，不！”她说。

水牛说:“看看刚才发生了什么！你说如果我们跃过悬崖，你会嫁给我们当中的一个，所以，我们就下来了。好了，现在轮到你了！”

就这样，它领着女孩以及存活的牛只，爬上悬崖，回到大平原上。

不久之后，女孩的家人起床了，他们四处寻找女孩。“小明尼荷花（Minnehaha）哪儿去了？”[25]你们是知道印第安人的，他们有办法从脚印知道任何事情，当然，父亲也看出自己的闺女跟水牛跑掉了。好吧，真是伤脑筋。

他拿出自己出远门穿的鹿皮鞋，把箭袋装得满满的，循着水牛的足迹，出发去找寻自己的女儿。很快，他来到一处泥地，水牛喜欢在这种泥坑里头翻来滚去，好让自己舒服些、凉快点。他坐了下来，思考对策。

当他就这么坐着的时候，一只鹊鸟飞了过来，这里啄啄，那里瞧瞧。鹊鸟非常有智慧，有点像是巫师鸟。因此男人就问它:“喔，美丽的鸟儿，你在这附近有看到我的女儿吗？她和水牛跑掉了。”

“事实上，”鹊鸟说，“那边是有个姑娘和水牛群在一起。”

“啊，”男人说，“麻烦你告诉她，她爸爸来了。”

小鸟飞了过去，开始四处打探：女孩在那儿坐着呢，所有的水牛都睡着了。她的丈夫就睡在她正后方。鹊鸟说:“你爸爸在泥地那里等着你呢！”

“喔，”她说，“这太危险了，水牛会杀了他。告诉他要安静地等着，我会去找他。”

不一会儿，水牛睡醒了。她的丈夫拿下自己头上的一只角，吩咐女孩说："去帮我弄些水来。"

她于是拿着牛角走开，到了泥地那里。"爸爸，爸爸！"

"我不希望你成天和那些水牛混在一起。"做父亲的这么说。

女孩向后退了一点。"不，爸爸！这样很危险，"她对父亲说，"我们现在不能跑掉。您再等等，它们很快又会睡觉的，等它们睡下，我会再来找您。"

于是，她又回去找她的水牛丈夫。她的丈夫接下那只角，嗅一嗅，咕哝着说："我闻到印第安人的血腥味。"它的鼻子嘶嘶出气，喉咙发出一阵低吼。所有的水牛都站了起来，它们用蹄踏着大地，牛尾巴高高抬起，跳了一场水牛舞。水牛群接着走到那片泥地，它们发现了那个男人，把他活活踏死了——不止让他没气，还把他踏得血肉模糊，最终尸骨无存。

女孩伤心地哭个不停，不停地喊着："不，爸爸，不！"

水牛群的首领回应说："好了！好了！你哭得这么伤心是因为你爸死了——这不过是一个爸爸。想想我们，我们那么多妻儿父母，都为了你和你的族人跳了悬崖。"

"是这样，没错，"她答道，"但毕竟这是我爸爸。"

女孩的丈夫有些于心不忍，它说："好吧，我给你个机会。如果你有办法让你爸活过来，我就放你们父女俩走。"

于是，女孩向鹊鸟求助，说："你四处找找，看看可否发现一小块爸爸的骸骨？"鸟儿开始在泥坑里这边啄啄、那边挖挖，果然，它找到了一小块爸爸的骸骨。女孩拿起这块骸骨，把它放在地上，把自己的毛披肩盖在了上头，并开始唱起一首有魔力的歌曲。不一会儿，有什么东西出现在披肩下头了——但还不会动。女孩拿起披肩一看，果然是爸爸，但是他还没有活过来。她又继续唱。很快地，男人站了起来。

水牛群感到很惊奇，它们问道："为什么人类在猎杀我们的时候，不为我们进行这种仪式呢？"

因此他们缔结了盟约，人的社群和水牛社群（也就是动物的社群）之间有了协议。水牛于是教人们如何跳水牛舞，这舞蹈后来便成为美国大平原水牛猎杀文化的基本仪式。

这个黑脚族版的神话故事，我们还可以在其他所有狩猎部落中找到各式各样的"变形"版本。在这些故事中，人类一度与动物结盟：部落妇女和动物版巫师携手合作，就像两个不同世界的联姻一样。动物献出自己，自愿成为部落的牺牲品，彼此达成的共识是，人类会让动物的血归返大地之母，以备动物日后重生。这就是全球范围内出现在不同狩猎民族的基本神话。

然而，当我们转到热带地区时，就会发现一个完全不同的状况，也会有配合这种状况的不同"气场"（paideumatic）的神话。"气场"是弗罗贝纽斯（Leo Frobenius）这位伟大的非洲原始文化研究者的用辞，用来描述一个文化受其所在的物质环境（如，气候、土壤和地形）所塑造的倾向。[26]热带地区的基本食物为蔬菜水果，谁都有能力去摘根香蕉，所以成为一位优秀的香蕉采摘者，是不会拥有特殊声望的。

与此同时，从神话学的角度来看，热带地区的女性会成为较重要的性别。作为一位母亲，女性成为各种大地力量的象征性"分身"以及人格化的化身。她像大地一样会带来生命，也像大地一样会供给养分。因此，在这些文化中，女性的魔力是支配一切的主流。

这里甚至出现了一个可怕的主题——至少对我们的心智而言是可怕的。它在探索一个诡异的奥秘，这一奥秘让它自己成为植物世界最明显的丛林律法。当你走过一片雨林时，你会看见四处都有枯萎的植物，而从那腐败的物体之中，会有绿色的新生命冒出芽来。一个明显的结论浮现出来：生命出自于死亡。继而引发的必然结果就是，若想要增加生命数，就必须同步提高死亡率！热带雨林区就从这个推论发展出全套的仪式性谋杀系统，这个残暴系统的依据就是：杀戮这种仪式性的牺牲将带出新的生命。

一个文化的各种仪式都是在重复该文化的潜藏神话。我们可以将仪式定义为“直接参与神话的机会”。这是某个神话情境的真人演出版，参与仪式就如同参与到神话之中。原始的热带文化中，就有许多相对应的神话以及许多吓人的仪式，以“如实并一再上演”的形式，来代表这样的神话，其概念就在于“不断重复”可让原初事件的力量“永远保鲜”。

原始的热带文化中，就有许多相对应的神话以及许多吓人的仪式，以“如实并一再上演”的形式，来代表这样的神话，其概念就在于“不断重复”可让原初事件的力量“永远保鲜”。

原始栽种民族的基本神话也有其产生过程。最初是一段无时间感的时期，所有的生命既非男也非女，既不是人类也不是动物。突然，他们之中有人被杀了，身躯被剁成块，种到了土里面。而从那些尸块之中，长出可供人们维生的可食用植物，因此，人们吃下的是一份神圣的礼物，来自一具神圣躯体的礼物——人肉确实变成了食用品，鲜血也确实变成了饮用水。我希望，你们能看出这个主题。

此外，在那一瞬间，男女开始有所区别，出生与杀戮也同时展开。随着必须用来维持生命的此一新食物的出现，生命、诞生、死亡就这样来到了这个世界。这么一来，让专属于这个神话瞬间的生命力得以更新的仪式，就总是栩栩如生且通常冷酷无情。

瑞士人类学家沃兹（Paul Wirz）在西新几内亚的马林德—阿宁（Marind-anim）人当中，观察到一套相当惊悚的仪式，具体表达了上述这个神话原型。紧跟着男子成人礼的季节之后，部落会有为期三天的“性交嘉年华”，在那之后就会举办最终的典礼。整个部落的人都会围着跳舞的广场，随着几面大型非洲裂口木鼓的鼓声又跳又唱，他们都相信鼓声就是祖灵之声。一个年轻女孩站了出来，打扮得就像神话时代的无名氏。执行仪式的人让她躺在一排倾斜的巨木下方，巨木由两块直立木头支撑着。接下来，才刚进行过成人礼的男孩走了出来，都还是些刚开始“成人”的少年。他们一个接一个地与这女孩进行性交初体验，就在由沉重木头做成的倾斜“天花板”下头。当最后一个男孩和女孩正在性交时，支撑巨木的直立木头被抽掉，倾斜的巨木倒在那二人之上，将他们活活砸死。接着，他们被拉出来，剁成肉块，煮熟后由大家分食。

这个仪式表现了男性和女性的再结合、出生和杀戮的再结合。同样，这个仪式也传递出“每次进食都应该是一种领圣餐典礼”的观念。这个仪式极为鲜活地表现出了“生命的精髓”。现在，你们可以了解我为什么说仪式能引导我们去确认生命的本貌了！这个典礼是在通过“有意识的肯定”这个手法，重新上演神话的瞬间，它不止在肯定生命，更要肯定“生命要靠死亡来维持”的恐怖事实。

最后，通过这对男女被从瓦砾堆中拉出来、切分、煮熟、被大家分食，我们可以明白地看出所有这些杀剐、吞噬神祇的仪式，最主要的指涉是什么。那两位少年男女代表的就是神圣的力量。

当然，当栽种民族的神话成了“女性优先”时，男人们就变得成天无所事事。他们甚至对“性交和生育有关”这件事浑然不觉。女人盖房子。女人养小孩。女人开垦土地、规划种植。这么一来，男人有什么可做的呢？这真是养成男性自卑情结的绝佳条件。

然而，一无所知的男人们却知道该如何平衡过来。他们像小男孩那样抱成了团，组成了一个男性俱乐部——只有男人才能加入的秘密社团。在社团内，男人们可以得到精神上的满足，也有事可做了。

这其中的典范就是美拉尼西亚（Melanesia）模式。试想一下他们的问题：该怎么逃离母亲？一旦逃离，他们将没地方可去。女性主导整场秀。她们不仅主导整场秀，她们还很有吸引力。那是最可恶的一点。你可能会说，我需要女人，我才不要到别的地方去。

他们怎么办呢？这就是他们的做法：养猪。这里会有两个阶段：一个阶段针对小男孩，另一个阶段针对长大点的男孩。父亲会给男孩一只猪当作宠物。这样，男孩不再黏着母亲，而将注意力分散到猪仔身上；他要为小家伙负责。所以他就要学习不再依靠他人，而要有担当。一旦他全心放在猪仔身上了，父亲便会教他如何宰杀那猪仔，这样，男孩学习到如何牺牲自己所爱之物。在宰杀猪仔之后，男孩还要把猪吃下肚，并会再得到另一头小猪。

没过多久，男孩阳刚的生活会进入到另一个阶段，也就是竞争阶段。竞争性也同样会转移到猪仔身上，方法是敲掉猪仔上面的犬齿，好让下面的犬齿不受阻碍地发展。猪仔的牙齿不仅往外长，还会弯曲、再卷回来，令人纳闷的是，卷回来的牙齿会穿过那可怜动物的下巴长出来。那猪仔开始要受苦了。它吃不下任何东西，也无法长肉，变成一只瘦弱而有灵性的猪。你们都知道瘦而有灵性的人类是什么样子。

无论如何，猪的獠牙穿透下巴后会继续长，并形成另一个圈圈，如果你够幸运而且够用心的话，獠牙就可以形成三个圈圈。在獠牙成长的每一个阶段，男人必须从自己养的猪中，选出一只杀掉，这么一来，在他真的养出一只带三圈獠牙的“大猪公”时，壮观的猪公就等价于数不清的普通猪仔了。而每牺牲一头猪，男人也可以跟着改名；

他的灵性阶级也提升了，如同一位真正的秘密社团成员一样。

我们谈到了狩猎世界单纯、充满阳刚味的童子军神话。我们也看到栽种世界的女性神话。我们刚又谈到灵性阶级的阳刚神话。在其中每个阶段，男人都变得更加了解冥界的奥秘。整个迷宫主题都和这个神话密不可分。想一想现在发生了什么。不但男人的灵性生活和猪的獠牙长度息息相关，獠牙的长度也象征着男人持续成长的内在自我。这头猪现在成了一头有灵性的猪了。

在男人离世之前，他必须牺牲自己的那头长了壮观大獠牙的猪公；这样，他就可以吸收猪公的能量。如果在猪公被杀之前男人就死了，没有其他人会敢去宰杀它，除非这个人也有头带同样圈数暴牙的猪公，否则这个人的灵性力量将无法承受猪公被杀时所释放出来的能量。

最后，男人终于离世了，他带着得自那头猪的灵性力量，踏上前往冥界的路途。他会在路上碰到冥界的女性守护者，在他前面画出通往冥界的迷宫地图，随之又擦掉其中的一半。男人必须知道如何重现地图，他在秘密社团中曾学过。他呈上自己生前杀死的那只猪的灵魂，作为给冥界鬼魂的吃食，接着，他踏着火焰通过冥界的火山，来到了舞之王国。

这些对大家来说可能既原始又遥远。但是你们知道佛陀是怎么死的吗？佛陀的死因对许多人来说一直很困惑。他是因为吃猪肉而死的。有位名叫淳陀（Cunda）的铁匠邀请佛陀到家里用餐，当时佛陀已经82岁了。佛陀带着一群门徒前往赴宴，铁匠的宴席上摆着肥嫩多汁的猪肉，还有许多蔬菜。佛陀看了那猪肉一眼，说：“只有达到涅槃的人，才能够吃这猪肉。我要吃它。我的门徒不该吃，剩下的猪肉必须被埋到土里。”这就是这个猪的主题的延续。

许多伟大的神都是被猪，或是和猪有关的人所杀。奥西里斯（Osiris）的兄弟赛特（Set）在发现奥西里斯并杀掉他的时候，正在猎捕一头猪。阿多尼特（Adonis）就是被一头野猪杀死的。爱尔兰英雄迪尔姆德（Diarmid）也是被一头野猪所杀，这头猪也同时死在了英雄手下。波利尼西亚的主要神祇之一卡玛普阿（Kamapua'a）就是位青年猪王，也是火山女神佩勒（Madame Pele）的爱人。这个神话主题由爱尔兰一路延伸到整个热带世界，也是头一个关于灵性阶级和替代死亡的神话。在上述每一个文化中，也都会出现嗜食同类（cannibalism）的情节——真的吃下肚或是象征性地进食，而最高阶段就是杀死一个人，并吸光他的能量。这是我的身体。

这些不同的仪式——水牛之舞以及交媾男女被碎尸和猪仔社团，代表了两个完全对立的世界观。热带世界的观点较深刻而悲惨，“以死维生”这个意象掌控一切。相较之下，狩猎文化的观点就有点孩子气、单纯、无忧无虑：没什么新鲜事发生；他们来回重复些相同的老花样。

既然世界上第一个伟大的高等文明，是在气候炎热、土地肥沃的西南亚洲出现，以农业种植为基础而崛起的，这些文化自然也会传承“生命出自于死亡”这个意象。基督教传统的神话“我们的永生来自耶稣之死”就是一个例子。这就是“十字架上的牺牲”这个意象的全部背景。甚至在更早期的奥西里斯、阿提斯（Attis）、阿多尼斯以及狄俄尼索斯（Dionysos）这些神话故事的意象中，也可以发现这个主题。[27] 厄琉息斯（Eleusinian）仪式便是这个神话故事的精华版。在这些跨文化的神话中，我们看到了在生活中建构起洞见的一贯性。那不是和生命相关的绝对真实，却是个洞见，是个我们可以参与的游戏。一个以“生命出自于死亡”这种世界观来游戏人生的人，相对于抱有“狩猎神话游戏”世界观的人，绝对是天差地别。

不论如何，随着人类第一个永久定居地而“登场”的新石器时代，就出现在栽种地带。这片土地就是人类高等文明的开端，而这些以一种非常残酷、彻底的肉体形式来表现其神话的牺牲仪式也渐渐地升华了。经过了数百年，仪式变得精神性、象征性了，仪式中的食物不再是实体的食物：它是精神的粮食。佛教、印度教和基督教的仪式都出现了象征系统，都升华自全人类的共同基础。

经过了数百年，仪式变得精神性、象征性了，仪式中的食物不再是实体的食物：它是精神的粮食。佛教、印度教和基督教的仪式都出现了象征系统，都升华自一个全人类的共同基础。

大约在公元前9000年的时候，这些社会以农业和畜牧业为基础，落地生根并发展了起来。没多久，部落竟然在耕作食物，而不再抢夺食物了。在早先以抢夺为生的社会中，所有的成年人都互相对等，社会地位也相当：他们一起控制了整个文化。

正如我说过的，大约公元前4000年，高等文化开始在近东冒出来。村落变成了乡镇、城市和城邦。贸易、各式各样的新工艺、文明的艺术，也如雨后春笋般兴盛起来；个人不再能控制所有公共遗产。他们变成“职人”（part people），也就是专家。因此就出现许多特殊的职人如特别管理者、神职人员、贸易人员、农夫，等等。这些人必须和其他完全不同类的人和谐融洽生活才行。这种分层组织在心理、社会以及其他各个层面，都带出了全新的问题。

在这个异常重要的时代，最具分量的就是神职人员。他们观察天空、留心天兆，好知道什么时候该耕种、什么时候该收割。也就是这些神职人员——特别在苏美尔人部落，首先运用了书写艺术和数理观察。发展数学这门学问以描述这个世界的也是他们。我们直到今日都还在用六十进制来测量时间和空间。

这些人也是通过对固定星座的观察，首先发现行星移动路线的人；他们认为行星是以一种可预测的数学级数来移动。这些行星的移动模式让他们生出了大宇宙秩序的观念：宇宙的循环更为宏大。月亮升起、满月、月蚀；太阳天天都会东升西落；冬天来了，接着是春天，然后是夏天，四季永恒流转。这个永远会回到起点的大循环观念，就像个天启般冲击了这些宇宙的观察家，比起来自植物世界或动物王国的启示更加奇妙、更胜一筹，万事万物应该受制于宇宙的律法。换言之，那是一种宇宙共通的过程所带来的启发，是一种非个人的、不容变更的力量。你不能祈求太阳不要升起——你无法祈求任何事物停止不动。它是一个和个人无关却可用数学测量的过程，文明的法令都应该与之和平共处。这就是人类第一个高等文明的基本神话概念。

东西方的诞生：高等文化

那么，心中有了这层基本了解之后，让我们简略地回顾一下伟大高等文化领域的整个范围。我将高等文化划分成两大区块：东方诸国以及西方的欧美。而分隔这两大区块的那条线，正好从波斯穿过。

波斯的东方就是东方诸国，那里有两大创造性中心：一个是印度，另一个则是远东各国，包括日本、中国以及东南亚。这两个区块各自孤立。印度北边是巍峨高耸的喜马拉雅山脉，国界则一路延伸到大海。东亚的西边是大沙漠，南边和东边则都是海。

新出现的影响力往往会逐渐被原本的力量和传统所吸纳，因而，在东方文化中，你不由自主地会辨识出公元前 2500 年到公元前 1500 年由美索布达米亚流传进来、保留至今的、青铜时期的古老世界观：宏大的非关个人的大循环这个意象。

波斯的西边也有两大创造性文化中心。一个是近东或黎凡特（Levant），第一个高等文化就在那里登场；这个文化极力强调社会和族群——重点不在于个人，而是个人对集体的参与。另一个伟大文化区块在欧洲，那里属于旧石器时代的狩猎原型区，而正如所有原始狩猎文化一样，个人是其强调重点。

这两个区域与孤立的两大东方区块正好相反，它们持续保持着交流、互动。而且，这两个区块也都毫无屏障地面对分别从南、北挺进，极度暴力、残忍的战士民族，其目标就是在中间地带定居的农夫和商人。这些入侵的族群就是来自北欧平原、擅长牛只放牧和集中畜养的雅利安人，以及在叙利亚沙漠畜养羊只的闪米特人。这两个战士民族所向披靡，统治着一个由农人、工匠、商人等职人所组成的文明世界，这个世界的神话知识、生活方式都受到“天空的神职观察家”的发现的左右。两个战士民族推崇阳刚之神，并以雷电之王为尊。统治者的神话以及“以土为家”的被统治者神话，彼此水火不容。被统治者的神话以“送资源给后代”的大地女神为尊，主神就是大地之母。

崇敬女神的社会和鄙夷女神的好斗民族之间的冲突，成为许多西方神话的重要主题。《圣经旧约》就是一本记录这类冲突的故事大全。点燃战火的战神宣称：“那些不是你们植种的田地，你们应该要去收割；那些不是你们盖的房子，你们应该要占为己有。”[28] 你们可以在《圣经旧约·约书亚记》中读到这些：一个单纯的小镇，就像地平线上的一小片云，第二天就被夷为平地。某个贝都因（Bedouin）部落入侵，并消灭了他们。希腊人、凯尔特人、德国人都有相同的观念。这些雅利安人和闪米特人都是了不起的战士，来自残酷、坚毅的民族，他们是野蛮人。他们像风一样横扫进来，强行统治一直以来都是以“持续旋转的大宇宙循环”这个观念来构思的当地文化。

在属于大宇宙秩序的神话系统中，宇宙的整个场域就是我们共同的母亲女神的子宫。让她受孕的神祇，往往以动物的形貌来代表。这些动物配偶对她而言是次要的。她是首要的神。任何人来到这个世界，首先会经验到的对象就是母亲。父亲排第二。他不能提什么要求。谁会要一个男人的怀抱呢？

在属于大宇宙秩序的神话系统中，宇宙的整个场域就是我们共同的母亲女神的子宫。

然而，在战士民族当家之后，主神变成了男性：原本向女神祈求为你带来大地之果，现在换成“进来拿了就走”的阳刚做法。这位霸道的男性主神会发雷霆之怒，不论他名唤宙斯、耶和华、因陀罗还是托尔。

不论是亚摩利人巴比伦人、犹太人、阿拉伯人还是腓尼基人，特别是来自沙漠的闪米特人，他们的主要神祇都是些部落小神明，因为大地之母在一片荒芜的沙漠里似乎使不上力，他们的生命要依赖社会的秩序。这很独特。

如果主神是属于大自然的神祇，那么就算一路从希腊到印度，都不会觉得陌生，我会说，喔！你们的因陀罗相当于我们的宙斯。你们这么称呼它，就好像面包就是面包，不论是德国面包或法国面包。自然的神祇是可以互换的，不论人们如何称呼。但是，如果你的主神是你自己部落的神，你就不能这样“你我不分”了。因此，闪米特人在传统上具有排外的倾向，也极度强调阳刚人物，并因此产生一种分裂感：我们和世界上其他所有的民族都不相同。

另一方面，希腊人和罗马人都倾向于折中、包容，会在其他民族的神祇中看到自己的神的影子。当你试图要辨识自己特有的神话时，就必须问自己，对照于其他民族的神祇，你和你自己的神祇是什么关系，如果你很清楚自己民族的神祇是谁的话。你会怎么回答呢？这是独一无二的？全世界没有和他相同的神了？或者，你会回答说，我要参与其他人类的生活经历，但是我还是会这么称呼他。在此，我并不是说，你不能认为自己的方式是最好的选择。但是，若以下面这种方式四处宣扬就不对了：没错，你有你崇敬上帝的方式，但我才是以他的方式在崇敬上帝。

无论如何，下面这两者之间存在着很耐人寻味的冲突：一个是不够精致却体格健壮的父权文化，另一个是细致优雅有教养的女神崇拜文明。当然，野蛮人当家了，当地的神话就慢慢被同化了。

只要翻翻《圣经·创世记》就好了。有谁听说过男人会生下女人呢？然而在伊甸园中就发生了“亚当生出夏娃”这种蠢事；男人接管了女人的工作。在希伯来语中，“亚当”这个字的意思是“大地”。所以，人类是大地所生的；然而，却是位前所未闻的大地之父，而非大地之母。

你在圣灰日（Ash Wednesday）会看到许多天主教徒，额头上抹着圣灰，走在纽约市的街头。[29]“汝是尘土，汝当归返尘土。”尘土！那可是大地之母，你竟然这么贬低她？所以，你就有了这么一位单身汉神祇——这可是全世界唯一没有任何女性神祇的神话，全世界就这么一个。其他神话的女神都被称之为“可憎之物”（Abomination）。

整部《圣经旧约》都是耶和华这位阳刚味十足的神在诅咒对大自然以及大地之母的崇拜。里面的国王一位接着一位，在耶和华的视线之内，做尽了邪恶坏事，他们在树下、山顶盖起了一座又一座的祭坛。接着，出现了某些像以利亚（Elijah）这样的狂热份子，他们展开行动，真正地浴血而战——不论是谁，只要对女性神话略感兴趣就会遭殃。这可真是个“不错”的故事。我们继承到的就是这个惊悚的阳刚神话，它要求我们压抑女性神话系统。

关于圣经最有意思的事情之一是，研究者在19世纪发现，《圣经旧约》的所有神话主题，都直接“抄”自苏美尔—巴比伦情结（Sumero-Babylonian complex）。好了，看看结果如何！原本以女神为一切起源的神话，现在全数被替换成耶和华这位男性上帝。这个转化是我们传统中一个令人颇为不解的面向，甚至让人不知所措。象征会自发性地和心灵对话；在你的无意识深处，你知道它们在说些什么。但是，为你呈现这则神话的人，说的却是一种不同的语言。他说："是父亲。"但是你的心灵却说："不，是母亲。"因此，我们转而求助于精神科医师。我们所有的象征都是些模棱两可的欺人之谈。

托马斯·阿奎那（Thomas Aquinas）在《反异教大全》（*Summa contra Gentiles*）中这么陈述："只有当我们知道，上帝远远凌驾任何能够被言说为，或被想到是上帝的事物时，我们才能够认识上帝。"[30] 而当你想到"那凌驾所有思考的"，是位男性存在时——在我们的传统中，还是一位没有太太的男性，就会出现内心无法应对的情况。我认为这一点非常重要。

只有当我们知道，上帝远远凌驾任何能够被言说为，或被想到是上帝的事物时，我们才能够认识上帝。

刻意强调神祇的性别角色是次要的——不论男性或女性，在特定语境中只会徒增困扰而已。这么做起初就是要建立"父权社会超越母系社会"的优越感，是一种男性的倾向。埃斯库罗斯（Aeschylus）的《阿伽门农》（*Agamemnon*）三部曲以及索福克勒斯（Sophocles）的《俄狄浦斯》（*Oedipus*）三部曲，都试图处理这个男性系统对抗女性系统的问题。

东方的人们可没有这种问题。在波斯的东方，印度和中国的古老神话，将大宇宙循环，即宇宙背后非关个人的秩序这个观念，一路贯彻到当代世界。印度的"法"（dharma）、"劫"（kalpa）观念，以及中国的"道"等概念都是如此。这些如同书写文字一样古老的概念是超越性别的。

这里要传递的信息是，宇宙的终极奥秘，也就是终极的存在——如果我们能够这么称呼它的话，超越了人类的思维，也超越人类的所有知识。它甚至超越了思维的类别。它只有一个还是有多个？它是男是女？它是善是恶？这些问题都没有意义。这些是思维的类别。即使问它是否存在也同样没有意义。存在和非存在，同样属于思维的类别。它绝对超越所有思考而存在（或不存在）。

它超越所有类别。问出下面这个问题是不够成熟的表现，我们却乐此不疲："神圣的力量是可亲的、慈悲的、公正的吗？它会爱我们这群人更甚于另一群人吗？它爱我吗？"

接下来的重点是，这个超越所有思维的力量，正是你自身存在的精髓。它是你内在固有的——它就在那里、当下就在，就在本书的纸张之中，就在你所坐的椅子之内。从这个观点出发，你们可以取来任何客体，在它四周画一个圆圈，探索其存在的奥秘。不用知道它是什么，因为你们无从知道。好吧，它是把椅子，你知道椅子是要拿来让我们坐的，然而，这把椅子的精髓，是个终极的绝对奥秘。你身下座椅的存在之秘与这个宇宙自身的存在奥秘完全同一。任何客体，无论是一根棍子、一颗石子、一个人，还是一只动物，都能被放置在这类神秘圆圈的中心，并拿来作为冥想的完美源头。

这个超越所有思维的力量，正是你自身存在的精髓。它是你内在固有的——它就在那里、当下就在，就在本书的纸张之中，就在你所坐的椅子之内。

早在公元前 8 世纪时，《歌者奥义书》（*Chāndogya Upaniṣad*）就明明白白地说清楚了这个关键的观念："汝即彼"（tat tvam asi）。[31] 印度教、耆那教、道教、佛教这些宗教的整体感，都在唤起个人认同这个宇宙共通奥秘（也就是存在的奥秘）的经验。你就是它；不是你自己沾沾自喜的那个"你"，也不是你认为自己与他人有所区别的那个"你"。[32]

于是，关键就在于你用什么方式，来同时认同自己为见证者以及所见证之物。这个世界的常识性观点是二元的：我看到我的身体，我不是我的身体；我知道我的想法，我不是我的想法；我体验到我的情感，我不是我的情感。我只是体验者，我只是见证者。接着佛陀出现了，告诉我们说并不存在见证者。

这么一来，我们得出下面这个结论：任何你可以为它命名之物，都不是物本身。你能够在自己身上找到的可以命名之物，那就不是你，但是，那又是你；这段自我矛盾的陈述，提供给我们开启所谓“东方之谜”（Mystery of the East）这个奥秘的钥匙。

这个东方之谜同样也是许多西方神秘主义者的奥秘。他们许多人都因为这类观念引来莫须有罪名，进而被烧死。在波斯的西边，来自近东的多个传统，也就是基督教、犹太教和伊斯兰教，认为东方之谜是异端邪说，违逆了独一无二的真理：上帝创造了这个世界；创造者和受造者不可能是同一人。

我们的神学通常是从清醒意识的观点来分析事物：亚里士多德的逻辑告诉我们，“A”不会是“非A”。但是，在另一个层次——所有宗教最后都指涉这个层次，甚至我们的宗教也是，只是他们宁可让它不见天日——终极奥秘就是“这二者为同一者”：“A”偏偏就是“非A”。但是，只要有人说“我和天父为同一人”，我们的官方宗教就将之谴责为不敬神。耶稣就这么说过，他也为此付出了自己的性命。他被钉上十字架就是因为：亵渎神明。

900年后，伟大的苏菲派神秘主义者哈拉智（al-Hallaj）也说过同样的话；他也同样因此被处死。哈拉智对此是怎么说的呢？他说这是所有神秘主义者所期盼的：正统的社会会让爱人去与其所爱结合，神秘主义者去和他的神结合。他提出“飞蛾扑火”的意象：蛾看到一处亮光，就飞过去不断扑打着玻璃，天亮后，它飞回去找自己的同伴说：“哇！我昨晚看见了好棒的东西啊！”同伴们说：“你并没有看起来更好哦。”然而，这就是苦修者所要面对的。因此，第二天晚上，它又回去找亮光，它找到了进到里面的方法，于是飞进去与其所爱结合为一；它变成了那火焰。哈拉智说，这就是神秘主义者的目标：在认识到你的终极认同对象就是那“如如不动”（One-of-All）者之后，追求自我感的完全灭绝。

在认识到你的终极认同对象就是那“如如不动”者之后，追求自我感的完全灭绝。

我们的传统并不强调“认同神圣事物”这个内在经验。反之，我们强调与神圣事物发生关系的手段。我们的宗教属于关系性（relationship）的宗教：A 和 X 有关系。当然，在东方，A 既等于 X，也不等于 X，这是同时发生的。关系和认同是两种不同公式。

既然这样，你该如何与神圣事物“发生关系”呢？在犹太教中，你要先成为犹太人：除了犹太人之外，全世界没有其他人认识上帝——那就是圣经中的老旧观念。你又如何才能成为一位犹太人呢？你的妈妈要是犹太人才行。这是相当排外的。

在基督教传统中，基督被视为独一无二的肉身；他是一位真人也是位真神。基督的人性与神性同时并存，我们也把这件事视为独一无二的奇迹。你又该如何与耶稣“发生关系”呢？你应当受洗并成为某教会的成员。

就这样，我们和我们的神性疏离了。接着，我们又和宣称自己和神性关系亲密的机构疏离了，因为我们不再相信这机构。基督死而复生，建立了教会，然后呢？如果他没有死而复生呢？他真像他所宣称的那样吗？母亲是童贞女，他自己是真神、真人，所有这一切都是真的吗？假设你有所怀疑。那好吧，真相已不得而知了。机构已经从这个世界夺走神性，逼得你只得通过机构才能和神性发生关系，而现在，机构不见了，你和神性没有了任何关系。这就是彻彻底底的疏离。

随后，老上师（Swami Satcitānanda）出现了。

在东方，每个人都要去觉察自己的二元本性，肉身化现（avatar）不过是让你借此在自己身上发现这个奇迹的模式罢了，没什么好特别强调的。

我在刻意强调这个区别，因为它显示出西方宗教不同的重点。西方宗教依赖的是“在特定偏好情境下的历史性”——也就是客观的真实。犹太传统依据的是“在特定时间地点，对某个特定民族的特别启示”；这一事件必定在历史上有所记载。结果显示，这些记录是有问题的。

基督教传统则依赖于“独一无二的肉身”这个观念、发生过奇迹的证据以及教会的创建和该教会的持续性。这些事件也都必须确实发生过；这就是为什么我们宗教象征的历史面向，会一直被持续地、固执地加以特别强调。

穆斯林的信仰则通过穆罕默德这位先知的话语，让忠诚信徒与阿拉之间“产生联系”。

就教会这个机构或以色列、伊斯兰教国家而言，这种做法或许可以被接受，但是它却让你分神而无法关注于宗教象征的主要指涉：指向你，指向人的内心深处。这就是为什么灵性导师会从印度来到西方，禅师会从日本来到西方：谁有需要他们就去谁那里。他们是在说，这些宗教象征通通指向内在。

海因里希·齐默尔在他那本佳作《印度哲学》（*Philosophies of India*）的开头便指出，西方文化当前的危机，印度在三千多年前便已经历过了：历代传承的神话的整个瓦解。这些神话不能再解读为“真实发生过的事件”，那是曾在未开化的社会很受欢迎、也不得不为的方式。正如当时印度人的体悟一样，我们现在也了解到，神话外力通通来自我们的内在。它必须是我们从内而发的。你无法接管某个人的内在，我们必须经历印度曾走过的苦痛。

西方文化当前的危机，印度在三千多年前便已经历过了：历代传承的神话的整个瓦解。

我不是在说印度过去的处理方式有多了不起，因为印度自从那些日子（公元前 900 年到公元前 400 年）以来，已经老太多了。人老了之后，就会变得邋遢。头发会掉落，你会忘了换衣服，身上也会落满食物残渣或滴上汤汤水水。印度看起来就是这样。它是散落的荣耀，你不能将这两件事搞混了。这个衰败的古老文化，自有其处理过去的方式，但是你不能简单拿过来用于自己的处境。你可以倾听，可以让它带给你灵感。

最后，我要对世界上所有的教会来段小小的布道：你们在讲坛上的确掌握到宗教象征，你们也确实掌握到训诫。不幸的是，若总是让教条告诉你们象征该对你们有什么样的效果，你们就有麻烦了。它不会对我有这样的影响，我因此就是个罪人吗？

教会真正的、重要的功能，在于呈现象征、完成仪式，并通过你能够真正去体验它的方式，让你见证到这个神圣信息。圣父、圣子、圣灵它们彼此的关系融洽与否，其重要性不及你这位主祭是如何感受你内在的“童贞女生子”这个象征，这个相当于你自己的灵性生活的神秘、神话性存在的诞生。

Pathways to Bliss

Mythology and Personal Transformation

第二部分

现存的神话

THE MACROCOSM, THE GREAT COSMOS, IS AN ORDERED COSMOS. THE SOCIETY—THE MESOCOSM, AS IT WERE—ASPIRES TO REFLECT THAT CELESTIAL DESIGN, AS DOES THE LIFE OF THE INDIVIDUAL, THE MICROCOSM. THIS IS THE GREAT HARMONY.

03

社会及其象征

Pathways to Bliss

MYTHOLOGY AND PERSONAL TRANSFORMATION

神话发挥魔力的方式就是通过象征而运作。象征就像一个自动按钮一样，一按就会释放并传导能量。世界各地的不同神话系统包含有许多共通的象征。

神话的机制：象征如何运作

神话发挥魔力的方式就是通过象征而运作。象征就像一个自动按钮一样，一按就会释放并传导能量。[33]既然世界各地的不同神话系统包含许多实际上是宇宙共通的象征，下面这个问题也就随之出现了：为什么一个宇宙共通的象征，会被导向某个文化目的呢？这又是如何做到的呢？这一主题相当错综复杂，但是，我想我能够用一些简洁的话语来将其呈现。

象征是本来就内“建”在心灵之中，还是后来才“刻”上去的呢？动物心理学家已经注意到，如果一只老鹰盘旋飞过一群才刚孵化出来的、从没见过老鹰的小鸡，众小鸡就会四处乱跑，寻找庇护。如果是一只鸽子飞了过去，小鸡们就不会如此反应。那么，如果是仿照老鹰外形做出来的假模型呢？当这个模型通过铁丝的引导，从小鸡上方越过去时，小鸡也会赶紧找地方躲避；如果同一个模型倒退滑翔的话，小鸡则不会受到惊吓。这个现象就是“先天释放机制”（innate releasing mechanism），又称作“刻板反应”（stereotyped reaction）。

另一方面，当一只小鸭刚刚破壳而出时，它会将首先看到的会移动的生物当作自己的父母。小鸭会牢牢依附于这个形体，这种依附关系就无法解除了。

这种一出生便启动的联结过程就是一种后天的刻印。

就人类心灵的问题而言，关键就在于大多数反应是刻板的还是后天刻印的。刻板的回应（正如在老鹰和小鸡的案例中）是一种锁和钥匙的关系，仿佛有个精确的老鹰意象蚀刻在那些小鸡的脑海中。你可能会问自己，是谁在对刺激作出回应呢？是那些从未见过老鹰的小鸡吗？不，作出响应的可以说是整个族群的几乎所有小鸡。

就人类心灵的问题而言，关键就在于大多数反应是刻板的还是后天刻印的。

小鸡对于真实老鹰以及人造老鹰的反应，足以说明荣格所称的原型：一个象征根据一个集体的意象，释放出能量。这些小鸡不曾有过关于老鹰的经验，然而它们却会对老鹰有所响应。而一只自己“黏”上鸡妈妈的可爱小鸭，却显得古怪而特立独行；小鸭是个体，不仅仅是种类型。小鸭和母鸡的结合因此属于后天刻印的结果。

刻印与某个你看到就受其吸引之物的区别何在？刻印出现在你已有心理准备的独特时刻，这个时刻只会延续极为短暂的几秒钟。然而，一旦刻印成功，它就不可更改也无法磨灭。

结果显示，要在人类心灵中让任何刻板意象“拍板定案”，确实不可能。就这里的讨论而言，我们必须假设在人类心灵之中，并没有什么特别重要的、刻板的、先天会释放出的意象。因此后天的刻印就是支配的因素。

问题接踵而至：为什么会有宇宙共通的象征呢？我们在每一个社会的神话、宗教、社会结构之中，都可以看到相同的象征。如果不存在已经植入人类心灵的先天释放机制，那些宇宙共通的象征又是怎么来的？

既然这些象征不是与生俱来的机制，也不能跨越文化进行传播（文化的差异太过巨大了），则必定有几乎所有人都共享的恒常经验才对。

结果显示，这些经常会出现的经验，事实上发生在婴儿期。它们是婴儿与母亲、父亲、双亲关系、婴儿自己的心理转化问题，这四者之间的关系。这些宇宙共通经验孕育出“基始观念”这个世界各个文化都会有的不变主题。

社会、神话以及个人的发展

在我们讨论个人与社会之前，我想先总结一下弗洛伊德针对这个主题的看法，这是后面一切讨论的基础。

首先，弗洛伊德的心理模型建立在下面这个观念之上：心灵与生俱来便有意志、欲望，也就是“我想要”。心灵是一个缩小版的“我想要”机器，而外在社会、环境、家庭以及孩子身躯的劣势，都会对心灵的各种欲望提出不同的“禁令”。由此，我们发现了基本的核心论题。

孩子无法一直处于“想要却不可得”的紧张状态之下。面对绝对的禁令——孩子绝对不能拥有某样东西时，欲望只能下沉到无意识之中。正如弗洛伊德所说的，好的父母会想办法让孩子分神，不要一直去关注自己被禁止或不可能达成的欲望；然而，之前的“我想要”还是会一直存在，并以愿望的形式深埋于心灵之内。

关键因素在于，一旦愿望进入了无意识，禁令也就随之而到。因此，无意识之中就有一组同时包含有正负能量的动态的能量单位；弗洛伊德称此为矛盾心理（ambivalence）。他称这个行当为“压抑你的愿望”，而与之形影不离的就是一种社会禁令的向内投射。当事人借由这个过程向内投射了一部分社会秩序。禁忌（taboo）这种内建的“不可以”，是社会的治理范围，而不属于天性的辖区。这种禁忌每个社会各有差异。因而，宗教人所谓的良心（conscience），其实是一种社会结构，其功能在于充当孩子成长之文化道德系统的一部分。

宗教人所谓的良心，其实是一种社会结构，其功能在于充当孩子成长之文化道德系统的一部分。

正如弗洛伊德所做的，让我们也以基础育儿的联想来举例：孩子对母亲有所要求，母亲却无法总是满足孩子。这种矛盾心理（愿望和禁令埋藏在一起）以一个能量单位的形式，停驻在心灵之内。心灵内这个能量单位最终得要释出才行，所以必定会有“放电”这个时刻。这种“放电”会在无意识的层次进行。也就是说，与其向母亲祈求实现愿望，心灵会找出一个替代的愿望。当事人在意识层次认为完全无害的道德行为，譬如说婚姻，在无意识的层次就成为一项十足不道德的功能——乱伦。可以这么说，私底下，你正在享受着一项社会所禁止的经验，你也一直禁止自己去觉察到你正乐在其中。

这个过程就形成了弗氏神经症（neurosis）的“温床”。当一个人在一种不该感到害怕的情境中，却充满焦虑和恐惧时，就不存在真的焦虑。它们是当事人因为偷偷享受被禁止的欲望，而自己想象出来的、来自隐形的严格纪律执行者的惩罚。

当挫折、被禁止的欲望累积过多时，心灵就会出现令人无力抵抗的低潮；也就是说，无意识里的活动太多了，个人在意识世界可能变得毫无行动力。如果无意识的内容大量囤积，当事人就可能出现所谓的精神病（psychosis）：个人与外在世界整个失联了。

譬如说，当被压抑的童年欲望变成了成人的欲望，并传导到生殖器变成性欲时，“母亲就是性对象”这个内在信息就会变成一个乱伦的信息，这当然是绝对的禁忌——当事人甚至没有察觉这是自己的愿望。而这个乱伦的愿望，被来自自己无意识的禁止念头以及会受到惩罚的威胁同步“挡”了下来；这里的威胁则是来自父亲这个意象。弗洛伊德说父亲是孩子的头号敌人；这就是父亲所扮演的角色，而母亲则成功让这一切成真，她会说：“等爸爸回家再说。”母亲将所谓“坏妈妈”的内涵转移到了父亲身上，而父亲接受了这一角色。

于是，父亲成为教育者，诱导孩子进入他的成人世界。不幸的是，孩子和父亲之间已经有一种怪异的爱恨交加的情感存在。而且，父亲对孩子也有怨怼，因为孩子让他无法接近母亲——至少在一段特定时期之内。因此，这种反感是相互的。弗洛伊德称这种对立为俄狄浦斯情结（Oedipus complex）。俄狄浦斯误杀了自己的父亲，又和母亲结婚乱伦，而弗洛伊德告诉我们，这是每一个小男孩都想要做的。

当然，有俄狄浦斯情结就会有“反制”它的反应；弗洛伊德称之为哈姆雷特姿态（Hamlet posture）。正如哈姆雷特一样，年轻小伙子会说：“喔，不，我不要杀父亲。我非常尊敬我的父亲。而母亲，她太可怕了。她一直在引诱我，挑衅我去杀父亲。”只要想想哈姆雷特身边乱糟糟的一切就好了：他冲进屋子里去，几乎毁了自己的母亲。当然，随之而来的就是母亲这个意象所代表的一切，女性、世界、宇宙、生命、存在本身，都变得令人作呕。这是那些不愿碰触女性，却屈服于父亲意象的纯净灵魂。这是对抗俄狄浦斯一切作为的过度夸张反应，而这恰恰意味着在你的心灵深处真的有俄狄浦斯情结。对弗洛伊德而言，所有的男性不是哈姆雷特就是俄狄浦斯，或二者兼有之。

所有的男性不是哈姆雷特就是俄狄浦斯，或二者兼有之。

女性的问题恰好相反：她受到厄勒克特拉（Electra）的命运之苦。厄勒克特拉发现母亲是她争取父爱的对手。事实上，根据这个观点，女孩子的危机在4岁左右便发生了，也就是性别差异开始“出击”的时候，她开始觉察到这一差异的某些暗示。女孩将自己的主要附着对象从母亲替换成父亲（这一点，男孩和女孩相同）。父亲成为了女儿的教育者，提供女儿一种与男性的关系。他必须稍稍扮演男性的角色，提供女孩和那可怕的对立性别有所差异的男性感。这个课题恰好发生在父亲将男孩引领进入社会秩序的同一时期。因此，父亲实际上扮演了精神导师的角色，他代为传达社会所设定的目标，他告诉孩子未来该承担的成人角色。母亲生下了实体的生命；父亲则孕育精神的存在。这些主题在神话中一而再、再而三地出现，其踪迹遍布各处，从最成熟的文化到最原始的文化。

母亲生下了实体的生命；父亲则孕育精神的存在。

按照理想来说，教育在这个主要成长阶段将与心灵一起携手跨越阈限，这样，来自成人的挑战才会结出“承担责任”的果实，而不是回头逃向依赖。从此之后，未来的人生挑战就不再附和孩子与双亲的关系，而是会带出成年人与自己的“生命任务”应有的行动关系。这是危机出现时必定会发生的转化，也是所有社会经常会有的问题。

这个危机会在持续长达12年的依赖期即将结束时出现。在这段依赖期，我们没有能力照顾好自己。区分人类这个物种以及其他动物的，就是人类太早来到这个世间了。事实上，人类不论是身体或心灵，不到20岁出头，都还算不上成熟。

接着，第一个成长危机出现了。这个曾经事事依赖别人的小生物，再也不能够一碰到事情便哭着回去找爸妈了，而是要变成承担责任的爸爸或妈妈。

这就好像要雕塑成人像的石膏，已经被倒入“依赖”这个模型，并开始要定形时，却突然被要求改为采用“个人责任”的外形。年轻成人的心灵应当离开“依赖”模式，进入“承担责任”的成人模式——当然，责任是依照特定社会的要求而加以定义的。

从出生到青春期危机的开始这段经历中，人类都会或多或少面对一些相同的挑战。小小心灵的成长不论是哪个民族，大概都以相同的方式启动；个人必须主动迈出第一步。不论在哪个社会，这种转化都是一个受到关注的问题。原始社会的启蒙仪式就是在处理这个成长的转折点。个人经过了启蒙仪式就不可能再飞回母亲的羽翼之下。教化性的仪式会将婴儿期那些无可避免、宇宙共通的意象，转译成可让个人与其所属社会接轨的意象。图腾祖先、女性神祇，以及所有这些相关的众神，印度、希腊、印第安、北欧、日本的各种不同的神，都是代表这些早期印记的不同意象，它们被刻意塑形，好让流经它们的能量能够传导到对于所属的文化世界别具重要性的社会态度之中。

任何社会对个人的主要要求，不过就是“不需要再修正就能立刻承担起责任”。而在依赖和责任这两种态度之间游移不定的人会成为神经症患者，他模棱两可，在两个不同方向之间被相互拉扯。除非他能够面对挑战，内心不再退缩，否则，他永远不可能成为真正的成人。

任何社会对个人的主要要求，不过就是“不需要再修正就能立刻承担起责任”。

然而最终，个人还是要面对再度回归依赖，失去原本的责任、能力的问题，这事关个人的自尊，以及是否准备好穿越那道人生最后的黑暗之门。为防止在这个人生的关键时刻出现病态性崩溃，此时，神话的意象必须能够引导心灵，帮人心甘情愿地穿过那道门才行。父亲和母亲的意象这时以一种全新的姿态重新登场。这两个意象曾经带领年轻人经历让他们担负全责的各项可怕活动，现在，这两个意象则必须再次被用来引导逐渐走下坡的人，来到死亡这个骇人的全面休止状态。而正如我们将会谈到的，这个转换是荣格关注的问题。

自我：东西方大不同

接下来，我要谈一些名词，在我看来，这是我在对照东西方对于“社会中的本我”的不同想法时，一些至关重要的名词。

如今，我们每个人的心灵都是个“双面故事”。下面深层静静躺着的是我们的无意识，与此同时，意识的个人则在上方活动。意识状态是人们手上握着某种闪光灯。如果我问你，某天晚上 10 点半你在做什么，你可能想不起来那一刻自己在做什么了。然而，如果你查看一下你的记事本，并看到上面写着“和某某人去参加派对”，你就会如历历在目一般想起来。这是当下不在你的意识状态内，却可随传随到的事物，弗洛伊德称之为“前意识”。

然而，如果我问你，在你出生后的第三天，你在玩哪个玩具，你就无法想起来。这个记忆深深埋在无意识之内，即弗洛伊德所说的前意识之内，也就是意识完全不得而知的想法和记忆的领土之内。而重要的是，你诞生之后前 4 年的主要印记都在那下面，你幼小的心灵也自那时候就固定下来了。

你诞生之后前 4 年的主要印记都在那下面，你幼小的心灵也自那时候就固定下来了。

在前意识之内，还有个弗洛伊德称之为本我（id）的“我想要”机器。本我是人与生俱来的。你刚出生的时候，你内在的本我并不知道“今夕是何夕”。它不知道那个日子是远古的洞穴时代还是高科技的现代；它不知道你出生于地球的哪一个角落。它所知道的只有你是个人类、你有人类的需求。换句话说，它是个纯然的有机体，在乎的只是自己想要的东西而已。

出生后，你周遭的环境会不断说：“不要、不要、不要。”这种你来我往就是我们早先讨论到的愿望—禁止的冲突。因此，你就开始将许多“我不应该”“下放”到无意识里头，社会的“我不应该”对上了本我的“我想要”。弗洛伊德所说的超我（superego）则提供了“我不应该”的意识流。超我是内化的双亲的、社会的声音，为了牵制本我，这个声音不断地说着：“不要做那个，来做这个。”

根据弗洛伊德的说法，自我（ego）的功能是连接个人和真实。真实这个专有名词是无论如何都和形而上扯不上边的。它是实证的真实：现在你的四周有些什么、你在做什么、你的身高体重是多少、你的年纪多大、人们跟你说些什么、人们是怎么说到你的。自我这个功能从你的个人判断出发，将你和真实连接起来——不是别人教导你去做的判断，而是你自己作出的判断。

你能够从你知道该怎么去评判的角度来判断一个处境，做了判断后你却发现，其实我并不这么认为。你和周遭环境所提供的判断系统，可能自始至终有所差异。只要你成功地过渡到成人责任期，你就能够自己做判断，并把社会的判断晾在一边。当然，如果你没有真的超脱出来，社会的判断系统也不会自动放弃；它们会一直带着负罪感来对你纠缠不休。

只要你成功地过渡到成人责任期，你就能够自己做判断，并把社会的判断晾在一边。

西方传统文化和东方文化在这方面大不相同。东方的宗教指导告诉人们不要去想到自我。在这个传统之中，人们被教导说要依照超我所指定的社会理想来规范行为举止。东方社会在自我与真实或个人处境的关系上，并没有系统化。

在和东方来的朋友对话时，会经常碰到这样的状况：你问了一个和当下相关的问题，得到的答案却总是你可以想象到的陈词滥调，像洪水泛滥一样。要从他们口中得到针对眼前现状的真实判断非常困难。由于自我在东方传统中没有得到发展，你就不可能得到我们在西方人身上期望得到的那类响应，因为西方社会的个人是要为自己的判断、识别负责任的。

当你转向东方系统并阅读关于律法的书籍时，譬如说印度的《摩奴法论》（*Mānava-Dharmaśāstra*），你简直难以相信不遵守规范的人会遭遇到什么样的惩罚。《孙子兵法》的作者就宣称，就算犯了小错也要被惩之以重罚，这样就不会出现大错了。

事实上，东方宗教语汇中的“自我”和“本我”属于相同的概念。因此，个人系统中的“我想要”就会杠上“你应该”。根据这种思考方式，所有自我都是“我想要”。其中的信息就变成“去除掉你的自我”。我们在传统圣经的教诲中也可以找到类似的信息，那里头充满了“你应该、你应该、你应该”。东方和正统犹太基督教的教导都要求绝对地服从。但是，如果你面对某种处境，你自己的判断要求你去做“你应该”之外的事呢？你该怎么办？或者，当你做了一件社会认为你不应该做的事时，你会觉得怎么样？这是我们要面对的大问题之一。

正如我们所见，东方社会的结构立基于发源自美索不达米亚的青铜器时代的僧侣城邦。其基础观念在于，神圣天界的秩序就是俗世生活秩序的模型。大宇宙（macrocosm）是一个有秩序的宇宙。社会这个小宇宙（mesocosm）则旨在反映圣界的设计，个人生活这个微宇宙（microcosm）的目标也是一样。这就是东方社会所追求的天人合一（Great Harmony）。

社会这个小宇宙则旨在反映圣界的设计，个人生活这个微宇宙的目标也是一样。这就是东方社会所追求的天人合一。

我们也谈过宗教意象在神话系统中承担了特定的功能：第一，让个人在面对存在之宇宙这个事实时，能产生敬畏感和神秘感；第二，提供给个人一个宇宙的意象，也就是大宇宙的数学秩序、各自旋转的太阳和月亮、年份及其循环、永世及其循环这些意象；第三，让社会与这些循环能够接轨；第四，让个人与社会、大宇宙以及宇宙的奥秘也都能够接轨。这就是神话的四功能，如果它们确实发挥了作用，你就能够对所有事物，对你自己、你所处的社会、宇宙以及在这些之外的奥秘都产生"一个完满整体"的感受。

因此，这个系统中的个人，必须能够在这个秩序当中担当一个角色才行，这个角色是由熟知这个秩序的人，也就是僧侣团体所指派的。他们了解秩序并解读其模式，与此同时，个人也在僧侣的指派之下，参与其中。在梵文中，这个模式就叫作"法"（dharma）。它是这个宇宙的秩序；"法"这个字来自"支持"（dhr）这个字根。支持宇宙的即为这个秩序。正如太阳不应该希望自己是月亮，老鼠不应该期望自己变成狮子，一个人出生在某个种姓系统、某个社会类别，就不应该有任何非分之想。个人的出生决定了他的角色、他的性格、他的责任以及其他所有一切。在这样的社会中，教育的目的就在于训练一个人合乎自己的社会角色。

换句话说，弗洛伊德称之为"超我"的社会理想自我，必须是唯一的理想才行。在这里，社会的严苛指令也永远不可能关心个人说："你喜欢怎么样？"个人的一切都是被告知的，人生从头到尾都在接受命令，甚至在最私密的生命时刻也是一样，也就是那些对西方人而言属于个人选择、个人决定、个人发现的时刻。他们的整个人生都处在被控制的状态：个人甚至不知道自己的结婚对象，别人为他决定了。在东方并不存在“决定自己未来另一半的过程，将带来个人判断能力的成长”这样的人生试炼；社会为你决定了。自我完完全全地被抹消掉了。

我们可以这么总结东方的基本宗教观。生命以及存在的终极真理、终极奥秘，具有绝对的超越性。我们无法定义这个绝对。我们无法描绘它。我们无法为它命名。然而，那个绝对存在、绝对奥秘之物，同时也是我们自己的内在真实：吾即是彼。这个绝对既是超越性的，也是内在固有的；也就是说，它不但超越我们所感知的宇宙，也存在于这个宇宙的每一个细微粒子之内。我们对它所能够描述的就只有“无”（nothing）。所有能够言说的，都指向它。因此，不论是象征、仪式、典礼或行动，都会牵涉到人类经验的世界，但是又越过它们本身指向那个超越的、天生固有的原力；而仪式和象征则引导我们去觉察到，我们与这个绝对其实是一体的。那超越界其实就是我们的本质；因此，在东方哲学中，自我、人格的单纯偶然就相当次要了。

这个绝对既是超越性的，也是内在固有的；也就是说，它不但超越我们所感知的宇宙，也存在于这个宇宙的每一个细微粒子之内。

西方则存在着全然不同的观念。这个观念大约在公元前 2500 年，随着萨尔贡（Sargon）和汉谟拉比（Hammurabi）建立的两个闪米特帝国一起出现。这个我们至今仍旧执着不放的观念，就是“上帝创造了人类”。上帝并不是人类，人类和上帝在实质上也不相同：人类和上帝有本体上、基础上的差异。

因此，西方宗教的所有象征都会牵扯到关系。这是东方所没有的。在东方，这些神祇正如凡人一样，只是较大秩序的化现而已。它们所代表的秩序早就存在了，存在于这些神祇出现之前。在印度，这个秩序叫作“法”；在中国则被称为“道”。在早期的希腊，它被称为“命运”（moira）；在早期的美索不达米亚，它被叫作“我”（me）。这个宇宙秩序具有数学的特性，并且是不能改变的；甚至神也不能让改变发生。上帝和人都只是这个秩序下的“工作人员”。要成为一位负责任的公民，你必须完美地学会你的工作内容。

现在，让我来以实例说明这个非常正式的态度，那就是古印度的社会结构。我想要探究其中个人生活及其发展的典型信息。

当然，大家都知道印度有 4 个不同的种姓或阶级。这 4 个种姓分别为婆罗门（brahmin）、刹帝利（kṣatriya）、吠舍（vaiśya）、首陀罗（śūdra）。

婆罗门的意思就是“和梵天有关、和梵天有所接触”，梵天就是宇宙的力量。梵天是一个注入并充满整个世界的力量，是一个没有指定性别的名词。婆罗门则是知道这个奥秘的人，他告诉人们与此相关的真理并诠释它，同时将它们写成各种圣典。婆罗门是这个社会秩序的领头人。

刹帝利则是管理执行真理律法的人。他会照婆罗门的指示去做；无论如何，这就是理想。刹帝利宣誓要捍卫这个社会秩序。

吠舍则是公民或商人。这个字来自 viṣ 这个字根，意思是“邻人”。他是拥有财产的有钱人，地主、房主、雇主等这类人。他诚实纳税，捐钱给教会，会雇用首陀罗阶级的人。他是社会的中坚阶层，是有胆识的人。

首陀罗则是仆人，是被排斥在宗教秩序之外的人。他有他自己的宗教导师、乡村僧侣等等，但吠陀传统以及传统的印度婆罗门秩序是属于前三个种姓阶层的宗教；前三个阶层的人被称之为“二度出生”（twice born）。而首陀罗只是伸出在外的双脚，单独一肩挑起余下的社会。

正如我之前所说的，东方社会的目标在于抛弃自我，自我应该被抹杀掉。首陀罗放弃他的自我，人家告诉他怎么做就怎么做。吠舍也放弃他的自我，将自己贡献给社会，遵照人家告诉他的去做，认真缴税，守护自己的家人；他的目标在赚钱。刹帝利则公平地执行法律，不带偏见，不徇私。他应当象征着律法的完美执行。婆罗门的责任就是去知晓律法。

这个系统将大多数民众排斥在外，这些人被称作流浪者（outcast）。一份最近由孟加拉国某村落所完成的统计调查显示，该村落一半以上的村民属于流浪者，他们被逐出在外。他们能够进入圈内的唯一方式就是从事某些卑微低贱的社会工作。

首陀罗是在社会中发挥作用的职人或农夫。这个村落剩下的一半村民中，有一半是首陀罗阶层，因而浪民所“服侍”的对象，其实是这些农人阶级。当你读到《摩奴法论》的某些经文时，你就能体会到这种阶级区分的残酷无情。经文中说，首陀罗阶层若听到吠陀（Vedas）的经文诵念——即使是意外听到也不行，就要受酷刑而死。这真是不可思议。只能说，吠陀的知识是强力知识，所以在强行贯彻精神力量之外，社会力量也应该等量齐观。

因此，直到今日，对西方老师而言，教授东方学生或对其讲授课程，简直爽透了：东方学生不论什么都全盘接受。印度的观念就是个人导师的权威是绝对的，学生不会有任何质疑或问题，老师教什么就接受什么。学生的主要美德在于“对老师的绝对虔诚”。

个人导师会为你的生命承担责任。你则试着去过导师所说的模范生活，这么做时，你其实是在过着导师的生活。而西方教师所做的就只是信息的“配给”，你可以根据你的经验随意地加以发挥。我不会这么告诉你们——任何西方的老师都不会在你踏上这条道路时告诉你必须做些什么。这里没有道路。特别是现在，我们有点像是自由落体般坠入未来之中。

我们期望学生能发展出自己的关键才能。有些老师或许会因为学生独立所作的批判而不胜其扰——可恶啊，你们这些年轻人。然而，如果他们需要和那种一切知识都被接受的情境打交道的话，相信我，就算是他们也很难不这么说:"天呐，我是律法，我是先知，我是所有一切。"这对教育来说并不好。

Pathways to Bliss

现在，让我分享一则关于一位印度导师的小故事。

有一天，学生迟到了，导师问道:"你迟到了。你到哪儿去了?"

学生回答说:"我住在河对岸。今天河里涨大水，我无法从之前涉水而过的地方过河。河上又没有桥或船，所以我过不来。"

"好吧，"导师说，"现在你到了。你是怎么过来的?搭船吗?"

"不是。"

"洪水退了吗?"

"没有，"学生回答说，"我只是在心中默想:'我的导师是我的神圣启示;他是我的神明。我只要冥想我的导师，就可以过河了。'因此我一边念着'导师、导师、导师'，就过河来了。"

"好吧，"导师想:"连我都不知道自己这么神。"这事让他念念不忘，脑海里一直在想象那个情景。

当学生终于下课回家之后，导师想，"我自己一定要试试看。"他走到河边，四下看看，确保没有人在旁边观看自己进行实验之后，就说:"我、我、我。"

他一边叨念，一边踏入水中。接着就像一颗落石一样，沉入了水底。

他是心灵导师的唯一理由就是他其实并不存在。他原本对超越者是透明的，直到他生出了"我"这个念头。心灵导师就像是一块绝对完美的透明玻璃，通过这块玻璃他的教导就得以照亮、穿透出来。因此，世代传承的智慧通过心灵导师而照亮万世，和当下这个时刻无关，也和传输者无关。

"法"不仅定义了你是谁，也定义了你应该怎么去度过生命的每一个阶段。

生命的前半个阶段，这个人生活在村子里。到了生命的中段，他会离开这个世界，并在森林中开始生命的后半阶段生活。通过这个奇妙设计，印度人结合了我们在西方社会无法结合的事物。他们能够将社会责任——“法”这个观念，与脱逃——“放下一切不管”这个观念，即解脱（mokṣa），结合起来。

这个系统再度一分为二：第一部分就是你自己生命的前半段，认真尽学生的本分，努力学习“法”的道路。

在印度，模范学生即“对老师的绝对虔诚”。通过这种完美的臣服，学生就可以将他所有的力比多、所有的情色兴趣集中专注在大师身上。学生要做到全身上下每一个细胞都认同自己的导师。他要去模仿大师，尽可能地和大师相似，以变成大师为目标。可以说，这是一种不去发展任何批判的能力，而将大师这个意象传承下去的方式。

在过渡到成人期的通道上，个人来到了人生前半段的第二部分。学生突然当家做主了。他的穿着不同了，也开始承担起一系列的新责任。他突然和一位从未谋面的年轻女子成了亲；成亲时女孩也是第一次看到自己未来要托付的人，依照传统，他们成亲前是不知道彼此的。或许，你能够想象出其中隐藏的危机。当新娘揭下面纱、两人初次碰面时，危机就出现了。对女孩而言，这个时刻特别令人胆战心惊，因为眼前这位自己初次见面的男人就是她的神；她将把他当作神明来崇拜。

成亲之后，他们克尽职责，孕育后代。因此，在他们老去之前，他们就拥有了自己的小家庭。

这么一来，当这男人到了四十多岁的时候，他就会有个长大成人的儿子可以接手当家了。父亲的责任已尽；现在他可以到森林里去了。

男人在村子里的一生都贡献于自己的职责，但是仍有一抹“自我色彩”残存了下来。他现在总算可以投入到“完全除去自我”的纪律中了。在森林中，男人为自己找到一位老师，他成为一位林中居士（vānaprastha）。瑜伽的目标就在于拔除自我的余孽——这是指货真价实的严苛瑜伽修炼。

当自我完全"散尽"之后，我们便进入生命后半段的第二部分。我们变成云游四海的行脚僧（bhikṣu），成为非实体、无自我的存在这些知识的神谕。

印度人认为活着有四大目标，这是印度哲学的基本主题。这其中有三个目标和村居生活相关：一是美德（dharma）；二为成功（artha）；三是欢愉（kāma）。这些是人类活在这个世上的目的。

印度认为活着有四大原则，这其中有三个目标和村居生活相关：一是美德；二为成功；三是欢愉。

当我们进入森林之后，我们要找寻的是解脱。这个词如今经常被翻译为"自由"。但这不是这个词的本意。这个词的意思应该是从自我本身释放出来。

"法"是社会强加在我们身上的；社会告诉你你的"法"是什么。以吠舍为例，既然你是以这个身份来到这个世间，你的灵魂则已达到吠舍的层次；因此，吠舍生活的仪式和律法对你就是最合适的。也就是说，社会的律法很精确地对应你的个人需要，你已经就绪了。

昆达里尼瑜伽（kuṇḍalinī）是瑜伽式样的一种，它引人瞩目地发展出欢愉原则与成功原则之间相互作用这个观念。我发现这极其有趣。欢愉和成功这两个驱动力量不偏不倚地对应到我们的老朋友"本我"的两个组成部件：想要去体验欢愉的意志，也就是爱神之子厄洛斯（Eros），以及鞭策自己追求权力和成功的意志，也就是死神塔纳托斯（Thanatos）。

印度的观念在于不论是成功或欢愉都是自然的杰作，而"法"则是社会的目标。个人的作用就是在"法"的最高限度内，达成他的成功和欢愉。而终极灵性体验则要在森林里完成，个人在那里可以依照心灵导师所宣告的纪律来去除自己的我执。我想要拿来与对我而言极为顺理成章的西方系统，与西方的自我发展的传统相对比的，就是这个印度系统。

西方的心理学虽然完全和印度的系统不相关，但对于成功和欢愉原则，却也传递了相同的信息，这让我惊叹不已。然而，传统印度思想能够在这两者之间取得平衡，并直接和社会美德（也就是“法”）分庭抗礼，而西方则是由弗洛伊德“出面”引介了“自我”这个仲裁者，以调和本我的内在欲望以及超我的外在要求。

另外还有一点。弗洛伊德将童年生活划分成三个阶段。第一个阶段是婴儿期，孩子在这个时期会体验到人生所有主要的冲击。这个阶段出现在孩子成长中的 4~7 岁。

接下来就是弗洛伊德口中的潜伏期。这是自我发掘的时期，会从七八岁延续到 11 岁左右。

最后我们来到青春期以及性生殖器的发展阶段。在这整个期间，孩子远离了所谓的婴孩神话（infantile mythology）——乖乖听爸妈的话、走路时月亮会跟在自己后头、动物会跟自己对话这类自发性的孩童意象。也就是在这段我们称之为青少年的时期，大人会鼓励孩子去接触实证真相——在西方文化中，会大力宣传科学。在这个时期，孩子会逐渐觉察到一种相对于神话的科学态度。

正如东方社会一样，原始社会坚持的是神话的态度。这些文化会鼓励孩子以神话模式来诠释周遭的世界。青春期是关键的时期，传统东方社会并不鼓励孩子此时去开拓其科学心智，让心智在各个层面都准备好采取针对事实真相的批判性判断，并决定要去采取行动，等等。

西方以科学心智为尊。但是我们所继承传统的象征，却早已在我们脚边碎裂成块。这里我要指出一个关于宗教传统的相当重要的一点：在你和神话没有任何瓜葛的情况下，仪式发挥得了作用吗？这个议题在天主教的受洗仪式上就会出现。我记得在我年轻的时候，就发生过某个杀人凶手在自己临死前受洗成为天主教徒的争议性事件。而天主教受洗仪式原本应该用来完全清除人的罪过，让人立刻上天堂的。

在此，我无意评判这个人的灵魂，我所针对的是如下这么宣称的宗教传统：不论这个人做了什么，一旦他受洗、进行过仪式，就会有一些我们不了解的事发生在他身上，让他拥有进入天堂的资格。我认为，这一点是当今人类宗教意识的关键问题，对此有多少人会赞同呢？通常，一个虔诚宗教传统的各种象征，都必须要有人去教导；你必须要知道它们想要表达的是什么才对。

一个虔诚宗教传统的各种象征，都必须要有人去教导；你必须要知道它们想要表达的是什么才对。

这些象征在某些特定的方面，确实是行得通的，如果它们在神学系统中没有被过度渲染的话。我认为“十字架上的英雄人物”这个象征是行得通的。这个主题发生在许许多多的宗教传统中。我们在印第安波尼人、阿兹特克人和玛雅人那里发现过。被铁链绑在巨石上的普罗米修斯这个人物也是一个例子：以爱为出发点的英雄人物带来了神的恩赐，他也为此无私地献出了自己的生命。

这则故事总结了一切。你只需要多一点暗示就行；你不需要担心上帝之子与圣父、圣灵的关系；这些事物之于神话的力量通通是次要的。重要的是，自愿或非自愿地为你的生命、生活、精神或肢体付出自己生命的那个存在，你也会为此有所感恩——这才是有重大意义的主题。战场上对于一位英雄人物的召唤，是让他为自己的国家付出生命——这就相当于牺牲在十字架上的英雄行为。我认为这类意象仍然能够启动你内在的那些高贵、英勇、伟大的意识状态和潜能。

04

神话与自性

Pathways to Bliss

MYTHOLOGY
AND PERSONAL
TRANSFORMATION

心灵实际上拥有某种基础能量并会在性和权力这两个方向“择一”现身，这种会“选择”其中一个方向发展的倾向被称为基本态度。

荣格以及人格的双极性

我前面曾经提到过荣格，现在是好好检视其观念的时候了。[34] 你们经常从弗洛伊德学派圈里听说荣格是弗洛伊德的学生。这种说法绝对是错误的。他们是同事，对前意识心理的处理也各有所专研。

总体而言，弗洛伊德把“性”视为心理状态的主要决定因素。孩子与双亲的互动关系，如惯常上演的母子情欲关系、对父亲的恐惧、转移自己的性承诺到同龄者身上，等等——弗洛伊德视这些性剧演出为所有人类行为的核心。

在所有心理学家之中，首先挑战弗洛伊德理论的，并不是荣格，而是阿德勒。阿德勒说，个人身上的主要驱力并非来自“性”，而是想要拥有权力的意志。试想一下：相对于自己的爸爸妈妈，小婴儿其实处于极大的劣势。他必须和两个巨人长期相处，而且，他也必须努力达到自己的目的；它必须学会哄骗、吓唬等方式，来让爸爸妈妈遂其所愿。

所有的婴儿一开始都处于劣势，但假设这个孩子长大后发现自己真的低人一等、无比笨拙，他会怎么反应呢？或者他属于阿德勒所说的“某种器官上的不如人”。又或许他属于邻里间不常见的肢体或行为类型，因此成为注目的焦点。或者假设他的父母亲管教很严格，他却一直无法完成父母的规划。孩子想要弥补或过度弥补的意志油然而生，这将导致阿德勒所说的自卑情结（inferiority complex）。阿德勒认为，克服无法胜任感的驱力是人类生命的根本；所有人都是基于这个冲动而采取行动的，而非性驱力。事实上，阿德勒相信“性”本身就是让我们强化自己的价值感的场域—— 一个用来征服的场域。换句话说，他将性活动本身诠释为人类权力驱动的一项功能。

这时，荣格登场了。荣格说心灵实际上拥有某种基础能量并会在性和权力这两个方向“择一”现身。他称这种会“选择”其中一个方向发展的倾向为基本态度（basic attitude）。

荣格说心灵实际上拥有某种基础能量并会在性和权力这两个方向“择一”现身。他称这种会“选择”其中一个方向发展的倾向为基本态度。

在某些人身上——可能是因为婴儿期的人际关系所造成的，压力会以一种“努力争取个人权力”的形式化现出来，在这类个案中，性生活就会退居次要位置。属于这种类型的人以追求权力为主要的人生方向，总是在问：“我做得如何？我做到了吗？”荣格称此类人为内向型（introvert）人。但是“内向”在此处的意思和这个词的普遍用法有些差异。荣格定义内向型人为“事情得按照自己内在意象来完成”的权力导向者。

另一方面，以“性”为导向的人则会“往外发展”。“坠入情网”意味着为在另一个客体身上丧失了自己。这种人荣格称之为外向型（extrovert）人。荣格认为，每个人都是二者兼有之，且以其中一个方向为强。如果你有60%以权力为重的话，就只会有40%放在欲力（eros）区。

当你碰到你的正常取向无法起作用、无法带领你“安全过关”的情境时，你就会被丢回次要的驱力。于是，这个自卑人格浮现。自卑人格的特征就是强迫性——你无法控制你自己，你的声音会颤抖，你会脸红，你会生气，等等。你失控了；自卑的性格已就位接手了。比起人格的已开发面，自卑人格更为原始。

荣格用了一个很有质感的词来称呼这个反转：他称其为一种“对立面”（enantiodromia）。在希腊语中，“dromia”的意思是“跑”：譬如说“hippodrome”就是河马（或马）跑的地方；一只“dromedary”就是一只在快跑的骆驼。“enantio”的意思是“往另一个方向”。所以凑在一起，“enantiodromia”的意思就是“往反方向跑”。

中年生活有意思的地方就是通常会出现长期“对立面”。这么说好了，假如你一直都是个有权有势的男人：你什么都有了，你设定的目标已经达成，或至少你靠着自己的机智一直顺利过关，你也意识到这一切不是那么值得去追求。

中年生活有意思的地方就是通常会出现长期“对立面”。

当这个时刻来临的时候，改变就会发生。你拥有那么多的廉价力比多，也就是可任你“挥霍”的心灵能量。它该去哪儿呢？它到“一闪一闪的眼睛”那边去了，父亲开始注意到可爱的女孩。每个人都在问：“爸爸怎么了？”这就是中年晚期很常见的精神崩溃现象。一位已经获得全世界所有权力的绅士，对退休后的生活是如此设想的：“我要退休，然后去钓鱼。”他当然想去钓鱼，因为那是他小时候喜爱的活动嘛！这就是我之前谈到的“爸爸和他的美人鱼追寻之梦”。

再看一个往相反方向发展的例子，即从受到性的驱使，反转到被权力所驱使，就以一位母亲为例好了。或许她曾有过许多情人，但是她现在只有满堂的儿孙，以及充满回忆的订婚舞会这类事情。这时候，她会变成一个权力怪物：这就是我前面同样提到过的活力四射的恶婆婆。她一手带大的孩子，开始一个个地离家。失落感、权力自卑感，整个排山倒海迎面而来。她必须抓个人来，叫他一会儿关窗、一会儿开窗，带婴儿去洗澡、洗完澡带出来，做这、做那……当然，她已经彻彻底底无法自拔了。把你原本藏得好好的第二个你"放"出来，是一件既奇妙又吓人的事。

好吧，我似乎有点夸张了。但是，几乎每个人都面对过这一类危机。问题是，当对立面发作的时候，你有办法吸纳并整合另一项因素，即你的人格的另一面吗？

荣格将这个问题称之为所谓的中年危机大整合：从个体文化经验出发，以整合人格的这两个面。荣格的整体心理学研究取向就以这些相互作用的观念作为基础。

要记住，弗洛伊德探索了有关于愿望和禁止的观念，特别是心理和社会这两个层面在本质上的碰撞。荣格则相信，碰撞这件事对个人的心灵一点都不特别；也就是说，每一次你强调其中的一面，另一面就会有所失。在瓦格纳的歌剧《尼伯龙根的指环》（*Der Ring des Nibelungen*）中，阿尔布雷克特（Albrecht）拒斥莱茵河三仙女的诱惑，并获得权力的戒指——那就是权力人格的化现。站在对立面的另一个人格会说："我不想创造历史，我只想做爱做的事。"但某一天，他可能会突然开窍说："嘿，我怎么都没有创造过历史。"而对立面可怕的地方就在这里，它充斥着"太迟了"的回声。这么一来，你过去的决定就要去承受看似损失惨重的那些部分。

然而，对一个人而言，人生不只有性和权力。荣格理解的心灵是由他所谓的四大功能所掌控，这四大功能又两两成对而互相对立。

荣格理解的心灵是由他所谓的四大功能所掌控，这四大功能又两两成对而互相对立。

荣格称第一对组合为感性（sensibility，或情感 [feeling]）与知性（intellect）。分析对周遭事物的感知有两种方法。你的生活可以建立在“以感受来评估事物”上，那么你就会拥有无比美妙、与众不同又发展完整的感性。你对艺术的赏析能力以及生活的玄妙之处和丰富度的感受，也会胜人一筹。而另一方面，你会能够依据自己的知性决定来评断事物——是对是错、合不合适、够不够审慎。如果你只依据知性或感性的其中之一来做决定，另一项就得不到发展。

通过与西方人接触的经验，荣格发现西方社会要求男性发展思维能力，也就是知性的功能，而要求女性发展情感，也就是感性的功能。这一发现不一定适用于所有文化。

当然，没有得到“重视”的功能，就会自动变成一种自卑的特质。自卑的想法就可能受到忽视，认为“那不过是个人的意见”。过去人们会说：“你不能和女人争论。”你是不能和一直以来都依靠情感功能来发展其感知的女人争论；她的决定并非出自合于逻辑的联系，她的全套意见系统也可能是以情感为基础，而不是确实地将任何事情都好好想过。但是如果一个年轻人因为自己是个笨蛋，而认为坐在对面那个女人的“情感”成熟度有问题的话，那他就要做好被震撼教育洗礼的心理准备！[35]

所谓自卑的情感就是感情用事。我们都知道那是什么意思。一个冷酷男人的感情，或是一个对情感不带任何想法、过着科学家般严谨生活的男人，都是些情感低度开发的人。当这种人感情用事的时候，他所喜欢的书、戏剧或音乐，都倾向于浅薄平庸之流；它们没有一点品位。

能够让我们学到教训的，就是这两种功能之间的对话。居于劣势的功能——不论是知性或感性，都会滞留在无意识。当它出现时，会带着强迫之姿；它是不可辩论的。所以这两者都必须得到平衡发展；一个将成为劣势，另一个居于优势。其运作方式就像性与权力的平衡一样，但又是完全不同的两回事；性与权力这两者彼此之间并没有关联。

另一对组合则提供了两种不同的体验方式：荣格称第一种方式为感觉（sensation），另一种方式为直觉（intuition）。我们现在正坐在同一个房间里，接受光线、声音、气味、味觉等的重炮轰击。房间里的一切，我们都要通过我们的感觉来体验到；感觉让我们和我们四周的空间产生关联。

一名学生走了进来。你试着要了解这名学生。他为什么走进房间？他可能会做什么？这就是直觉。直观是政治才华的主力。它是对时间的触摸，对可能性的感觉。直觉能力强的人会看到未来和过去在数不清的偶然中无限伸展。

再次强调，一个功能成为优势，另一个功能就会变成劣势。如果你总是靠事物的潜在性，即直觉现实来生活的话，你就不是活在现况，即感观现实中。反之亦然。还是之前说过的，在你人生中的某个时点，劣势功能将出现在第一线，而当它出现时，它将威胁到你。

荣格说，与其中年一到，便走入森林，就此谢幕退场，就像印度的传统一样，不如效仿从责任过渡到老年的西方做法，去达成圆满，做到个体化。这正是希腊人的观念。他认为你必须平衡这些彼此竞争的功能——性与权力，知性与感性，直觉与感觉，才能摆脱中年危机的对立面。小时候，你以一副圆满之躯展开一生，接下来，某些特定功能会比其他功能得到更好发展，在你整个成人后的社交、工作和生活中，你都只是这个圆满的一环，然而到了人生最后阶段，你又再度成为圆满之人。你去参加成人教育课程之类的进修计划，好让你努力于知性发展的同时，能够保有你的感性。

集体无意识的各种原型

这些双极性，即两种态度和四项功能，全都是我们内在的心理动力。它们就像海洋的潮水一样，流过我们的心灵。对于人的心智，荣格也提出了特定的固定结构。这些结构并非后天习得、弗洛伊德式的向内投射作用。荣格认为，它们是我们每个人与生俱来的。正如手、眼等器官的进化一样，这些心灵的固定结构作为人类心智的一个“零件”，也同样会进化。如同手、眼等器官一样，几乎我们所有人都共同享有这些结构。因此，他将它们称为集体无意识的原型。虽然用了“集体”（collective）这个字眼，荣格却无意故弄玄虚；他只是要说，他在所有人类身上都可看到这些同样的心灵结构。

首先就是荣格口中的自性（self）。对荣格而言，自性包含了生命的所有可能性、能量、潜能——所有你能够变成的东西。自性的总和就是你生命的“总愿景”，如果它能够全部实现的话。

荣格将个人心灵的全部潜能，整个当成一个实体（entity）来看待。荣格这么描绘：自性是一个圆圈，你不会知道其中心在哪里。深埋在无意识中的这个自性的中心，一直都在推动你，推动着你的潜力和本能。在你生命的前半段，自性会逐渐“苏醒”过来，并在你生命的晚期，渐渐地再度沉睡。这个过程当下正在你的内在进行着，而且你无法掌控。

在你生命的前半段，自性会逐渐“苏醒”过来，并在你生命的晚期，渐渐地再度沉睡。这个过程当下正在你的内在进行着，而且你无法掌控。

自性“奔放”于自然和宇宙之中，因为它本来就是自然的一部分。然而，

每一副特殊的身躯，都有其特殊的潜力、器官或无能之处，让你自己沉浸在某种特定的经验模式中，以体验自己不过是伟大意识状态托身的一个器具。因此，你的自性将是你特有的，然而，它也不过是该模式的局部变调；你对那伟大的奥秘拥有某种特殊体悟和感知。从你还是个婴儿开始，你就被自性所推动。这是本能这个系统在运作，纯属生物的运作。

我在莎拉·劳伦斯学院教书长达 38 年，我注意到青春期的年轻女孩对于发生在自己身上的奇妙变化往往震惊不已。当然，她并没有做什么，但是她只要照镜子，就会看到发生在自己身上奇迹般的变化。这个东西正在成形。这就是像花朵般盛开的自性。只是这上面顶了个小小的意识状态，就像浮在海上的船只一样。

随着你对自性的觉察，你的自我也诞生了。在荣格的理论框架中，自我就是你有意识地认同你这副特殊身躯，以及身躯的经验和记忆。你有意识地去觉察你这副身躯“专属”的“限定版”的记忆和经验，并且是从该身躯当下之连续性的角度出发：这就是自我。

随着你对自性的觉察，你的自我也诞生了。

在你学会了走路、说话、写字、驾驶的时候，你早已拥有许多你浑然不觉的愿望，但是因为你一直没有去实现它们，或没有将它们放在心上，它们就沉入自性的深处、沉入无意识当中了。自性是潜能的全部内容。自我是你有意识觉察到的自性，是你认为的自己，是你认为自己拥有的能耐，它也会受到被你无意识保留的无能、限制等记忆的阻断。

现在，意识状态诞生了；你可以在一个小婴儿开始去实践他的自我时，在他身上看到这个苏醒的过程。自性和自我并不相同。自我只是意识的中心而已；它包含你对你的自性以及周遭世界的觉察。

自性和自我并不相同。自我只是意识的中心而已；它包含你对你的自性以及周遭世界的觉察。

当你的自我作出计划时，你却进行一些荒谬的摸索好破坏这个计划，就好像有人闯入、毁掉你的计划一样。你在干扰你自己；你忘了什么东西。弗洛伊德将这种状态处理得很好；这种半蓄意的丢三落四被称之为“弗洛伊德式失言”（Freudian slip）。你只是在防止自己去做你以为自己要做的事。你的另一面在讲话。这是来自你的自性的无意识面向。自性才是全部，你可以把它想成一个圆圈，圆圈的中心就是自性的中心。而意识状态这个平面则在自性这个中心的上方，而你的自我又是在意识状态这个平面之上，所以自性这个圈圈之中，有个你所不知道的下意识面向。这个面向又经常在干扰你的自我。

荣格对自我的定义和弗洛伊德稍有不同，尽管有所相关。对荣格而言，自我是你对你的自性的信念。它定义出你的意识状态的中心，并连接你和外在的这个世界；它是你在自己周遭这个世界行动时，所经验到的那个“我”。

然而，自我和自性的无意识部分毫无瓜葛。自我通常会乖乖地待在意识状态这个界线之上。假设，你正在开车。你开在道路的左边，而与此同时，你并不知道道路还有另外一边。事实上，你甚至没有意识到你是在道路的其中一边，你以为你是在中间。根据荣格的说法，大部分人就是这样在驾驭他们的生活。他们以为他们的自我就是他们这个人。他们就这样开车出门，开上路的另一边，毫无疑问，他们开的车会撞上路上的行人。你如何让自己看到另一边呢？你要另外弄一部车，让别人来开车载你吗？你要将车开在路中间吗？不！你必须先知道另一边有些什么；你必须学会以三维的方式去看事情，运用视差原则。

这就是自性，可以说它就是你潜能的全部。自我则会在童年的成长过程中逐步浮现出来，直到长成一个对自己相当牢固的信念。在自我变得不可动摇之前，若出现自我无法处理的经验，会非常危险。它可能会整个炸开来，自我和意识现实将脱节。而你将处在精神分裂的状态。因此，你必须让你的自我有所发挥才行。

我们听到太多有关“无我”（egolessness）的大话了，主要来自东方。你这么做是要打烂这个唯一能让你觉得自己有用的东西。一定要有个什么人坐镇指挥才行，否则你无法有明确的方向。自性是大圆圈、大船，而自我是在桥上的小船长。

当你长大后，你的家庭就会告诉你，你属于某某社交圈，你的言行举止必须像他们一样。接着，你去上学，你会发现某种特定职业已经在你眼前展开，某种特定生活也已经为你设定好了。诸如此类的种种开始把你捆绑住。换句话说，你生活其中的社会形势，开始把你推入某个特定角色。

为了在你生活的社会能够正常运作，你的自我必须学习某些特定事物。学习去生活在一个不存在的社会，或是活在铁幕的另一边，都是没有意义的。我的朋友，你周遭的世界，就是你该好好活着的世界。

学习去生活在一个不存在的社会，或是活在铁幕的另一边，都是没有意义的。我的朋友，你周遭的世界，就是你该好好活着的世界。

人生早期阶段的头一个问题，就是学会以“当下就有意义”的方式，让自己能够与客观世界接轨，并生活在这个社会。其中的关键功能可能稍后才会出现，但首先你必须学会当下就能运作正常。这是童年和青少年时期的大任务：恐惧、需求以及对意志的限制等，你都必须去面对、同化。如果你一开始就避开这些挑战，你稍后还是要面对它们，或半吊子似的战战兢兢前进，永远无法担当大任。

这个社会总是有许许多多的角色，需要我们去扮演。我们担任这些各式各样的角色，正如同一个演员为了演出不同的角色，会套上不同的戏服一样。社会在我们身上烙下它的理想，硬为我们套上一件“社会可接受行为”的外衣。荣格称这些为人格面具（personae）。其中 persona 是拉丁字，它表示演员在舞台上戴的面具。

假设你是位老师，当你在工作时，你就戴上了一面教师的面具——你就成为一位老师。假设你回到家里仍旧认为自己是位老师，而不是一个以教书为职业的普通人，谁还会想要待在你身边呢？

时不时地，在高中的戏剧公演中，会有个可怜的小孩扮演哈姆雷特这类的角色，他的长辈会称赞他演得好棒。好了，从此他就哈姆雷特“上身”了。他分不清自己和自己所扮演的角色。

也有些人意外地坐上公司高管的位置，可能他们自己都想不到。他们在工作时是主管。他们回到家仍旧是主管。他们上床睡觉了也还是主管——这一点让他们的另一半大失所望。

脱下戏服时，面具也必须摘下来。你必须知道你正在出演哪出戏。你必须将你对自己的感觉（你的自我）与你秀出来给这个世界的自性（你的人格面具）分隔开来才行。

你必须将你对自己的感觉（你的自我）与你秀出来给这个世界的自性（你的人格面具）分隔开来才行。

这就是心灵内的头号矛盾：人格面具系统与自性无意识区的黑暗内在潜能之间的拉扯。自我要学会去分别内外，并试着为它们调停。

从荣格的立场来看，你的大危险之一就是去认同你自己的人格面具。荣格宣称自我必须和其角色有所区分，这点和东方的教育目标有强烈的对比。

这是个不存在于东方的概念。正如弗洛伊德所说，自我的功能就在让你和你生活其中的这个世界的经验现实保持接触；它可归属于现实的功能。你要通过发展中的自我来发展你的价值系统。你的评判、你的关键才能，等等，都属于自我的功能。而东方社会则要求个人不能发展其关键才能，不要以新观点来观察这个世界，而是要毫无疑问地全盘接受导师的教诲，并适应社会加诸自己身上的面具。这就是业力诞生（karmic birth）的基础律法。你出生在最适合你的地方，拥有最适合你的角色。社会提供适合你戴的面具。你也要彻彻底底地与之认同，消除掉自己的创造性思维。

在传统的印度、中国或日本，你就是你的角色。秘密就在于完美地体现这个角色，不论是行乞的和尚或是陪先夫火葬的伤心寡妇。你要去变成“萨提”。

然而荣格却说，你要在知道这不是你的状况下，扮演你的角色。这是非常不同的观点。这需要经过个体化的过程才做得到，将你的自我、你对自己的意象，和你的社会角色区隔开来。这并不是说，你不应该去扮演你的社会角色；而是不论你选择做什么、是进是退，你都只是在扮演一个角色，不要太过认真。你的人格面具不过是你为了这场游戏所戴上的罢了。

不论你选择做什么、是进是退，你都只是在扮演一个角色，不要太过认真。你的人格面具不过是你为了这场游戏所戴上的罢了。

深谙角色转换艺术的，莫过于西方女性了。她们换件衣裳，就可以转化成一个新的人格。我的太太是一位舞者，过去也是这方面的大师。通常下雪时，她会很怕冷。但是当她穿上轻薄的礼服，走在寒冬中去参加派对时，她压根儿一点都不会冷。她完全融入其中，她整个人格已经置身角色之中了！

这一切甚至会更进一步发展，因为整个人格面具情结还会包括你的道德原则在内。伦理和社会习俗会被内化成为人格面具秩序的一部分，而荣格告诉我们，在这方面你也要轻松面对才行。记住，亚当和夏娃会堕落，是因为知道了善恶的差别。因此，回到天堂的方法，就是不要去知道善恶的差别。那是个再明白不过的教训了，但是讲道坛上却没有清楚地传递出来。然而，基督对他的门徒说："你们不要论判人，免得你们被论判。"[36] 你是根据你的人格面具的脉络来论判别人的，你也会依此而被论判。除非你学会跳出孰是孰非的狭隘指令，你就不是个完整的人类。你只是该特殊社会秩序的一环。

我们谈到拥有许多潜能的自性。也谈到你有个可与之认同、持续成长的自我意识状态，这个自我会配合你必须穿戴上的戏服、你的角色，而持续发展。拥有许多套戏服是好事，只要每一套戏服都是配合你的良知而量身订制的。道德秩序也是你的人格面具的一部分。

然而，你的内在还有许多东西既无法带入这个人格面具系统，也无法套入你的自我成为你所理解的"你"的一部分。它和自我恰好对立，且埋藏在无意识之中，这就是荣格所谓的阴影（shadow）。

社会将提供角色让你去扮演，这意味着你必须舍弃你作为一个人在生活中可能会去想、去做的许多事。这些可能性都会被推到一边，推到无意识里。你所属的社会告诉你"你应该做这、你应该做那"；它也会说："你不应该做这、你不应该做那。"那些你喜欢从事却真的不是太好的事，都被堆置到无意识里面。这就是个人无意识的中心。

阴影可以说是你的本性中的盲点。那是你不想要去看到的自己。这完完全全等同于弗洛伊德所说的无意识，是被压抑的回忆，同时也是你内在受到压抑的潜能。

阴影就是不小心出生在人生轨道另一边的你：另一个人，另一个你。它是由你一直在压抑的内在欲望、想法，即所有向内投射的本我（introjected id）所组成。阴影是自性的废渣填埋场。然而，它也属于某种地窖：它握有大量你内在没有被实现的潜能。

阴影是自性的废渣填埋场。然而，它也属于某种地窖：它握有大量你内在没有被实现的潜能。

你的阴影的本性就是自我的本性的某个功能。它是你的光明面的背面。在神话故事中，阴影的代表就是你必须去战胜的怪兽。它是从混沌深渊中冒出的黑暗事物，一旦你开始深入无意识之中，它就出来向你迎战。它是让你感到害怕的东西，让你不会想要去无意识那儿。它会从下面敲门找你。谁在那下面呢？谁又在上头呢？这一切都非常神秘而吓人。

如果你的个人角色太薄弱、太狭隘——如果你在你的阴影中埋藏了太多的自己，你就会干涸掉。你的大部分能量无法为你所用，甚至会有许多积聚在心灵的深处。最后，对立面终将出击，而那没有得到认可、没有被注意到的“恶魔”，则会不满地咆哮着浮上台面来。

阴影是你的一部分，你却不知道它的存在。然而，你的朋友看到了，这就是为什么某些人不喜欢你的原因。阴影是你可能成为的你；阴影可能成为你的一个面向，如果你让自己去实现你没有得到接纳的潜能的话。

当然，社会不会认可你的潜在自我的这些面向。你也不认可你自己的这些面向；你不知道它们已经在那里了，你可能一直在压抑它们。

你可以这么认为：自性是有一个中心的大圆圈，意识状态在那中心的上方，自我则在意识状态的中心之上，而阴影则往反方向直入深层的无意识。阴影埋藏在下面是有理由的；它是你的一个面向，但是你的自我却不知道，你会将它埋藏起来是因为它不符合你所知道的你。阴影是你不允许它显露的那部分你，包括你的潜能中有力的以及危险的、灾难性的面向。

> 自性是有一个中心的大圆圈，意识状态在那中心的上方，自我则在意识状态的中心之上，而阴影则往反方向直入深层的无意识。

通常，这些原型会在神话故事和梦境中，以人格化的形式出现。就像我们将宇宙的奥秘加以人格化成为上帝一样。自我变成英雄人物。无意识自性则变成智者。阴影也被人格化为某种魔鬼般的冷酷人物。显然，阴影不只握有对你好的事物，也握有对你坏的事物。它压抑那些你一旦表达出来就会有危险的东西，诸如你对整个晚上一直骚扰你的混蛋的谋杀意图，忍不住想欺骗、毁坏的欲望等等。但是它也会“存留”你的自我和人格面具系统不予接受的潜能。

在你的梦境以及你所属社会的神话中，这些迫切需求就由阴影来代表，阴影总是和你同一性别；它一直被视为一种威胁。

你只要想想你不喜欢的人，就可以认出它了。它们相当于你自己的某个面向——否则它们不会对你产生这么重要的意义。那些刺激你的人，不论正面或负面，都已经捕捉到你自己投射出来的某些事物：

> 我不爱你，菲尔博士。
> 原因我说不出口，
> 但这点我很清楚，
> 我不爱你，菲尔博士。[37]

为什么？因为他就是我的阴影。我不知道你们在生活中，是否有过类似的经验，但确实有些人我一看到他们，就心生厌烦。这些人代表我自己那些令人讨厌的面向，我拒绝自己承认的那部分存在。自我会动辄去认同社会，忘掉这种阴影。它会认为它就是你。这就是社会强行为我们设置的立场。社会一点都不关心在它把你利用完之后，你就会完蛋这回事——那是你的问题。

有位神职人员曾这么对我说：“如果我不信上帝、基督、教会，我会是一个可怕的人。”我当时问他：“你认为你会做什么？”他想不出来。于是我说：“我敢打赌我知道你认为自己会做什么，但是我不告诉你。我能够告诉你的是，你很快便会厌烦，你会发现自己不过是这世上的另一个老废物，你也完全不会这么大发牢骚。就算你真的曾有过小小的不满，它也会很快又累积起来，你再也不会对这个世界产生大危害。所以，就放你自己一马吧。做一些你想做的事。你会发现那些事不像你想象的那么邪恶，你也不会再说那样的话。”

你应该想办法去了解你生命中的阴影。

接下来是性别的问题。每个男人都必须“非常男人”，那些社会不允许他去发展的部分，他就将其归类于女性化的一面。他的这些部分会被强压到他的无意识之中。这就是人格面具的致命对手。它们会变成荣格所说的阿尼玛（anima）：男性无意识中的完美女性。

同样地，女性的无意识之中也“随身携带”着阿尼姆斯（animus）：她自己的男性面向。她是个女人，社会指派她做特定该做的事。因此，她与生命的男性化模式有联结的部分，就通通隐藏、压抑于她内在的阿尼姆斯。

耐人寻味的是，我们身上都同时拥有双重性别，生理上、心理上都是如此；然而，所有的人类社会都只能强调其中一种性别。另一个不容许强调的性别，就被我们加以内化。此外，有关另一个“不见天日”性别的意象和想法，就通通成为我们人生故事的“函数”。这个人生故事包含了两个面向。其一是所有人类都会有的：几乎每个人都有一位父亲和一位母亲。其二是你自己的专属面向：你的母亲和父亲就该是那样的。男性或女性的角色都有其专属的“经验值”，这保证并决定了我们每个人都会有的广大基准的经验质量。每个人都知道母亲是怎么回事，每个人也都知道父亲是怎样的。

耐人寻味的是，我们身上都同时拥有双重性别，生理上、心理上都是如此；然而，所有的人类社会都只能强调其中一种性别。

不论是哪一种情况，被掩盖的理想都会倾向于向外投射。我们通常称这个反应为“坠入爱河”：将你自己的理想异性向外投射到某个人身上，这个人身上的某种吸引力启动了你的阿尼玛或阿尼姆斯。你去参加舞会时就可以留心观察一下，舞池边总会有美丽大方的女孩一个人孤伶伶地坐着。同时，也总是会有一些引人注目的“小蜜蜂”，旁边老是围着一群男孩子。她有什么吸引人的秘诀呢？秘密就在于她的眼神，那对电眼唤起邻近所有男孩的阿尼玛投射作用。要这么把自己呈现出来，是有办法的；只是我们不知道有那些方法，以及如何达到目的罢了。我曾看过完美的、优质的阿尼玛投射对象，但是那些女孩子化妆有点过火了，对阿尼玛投射起到了反作用。

两个人相遇、相爱，然后结婚。俊男美女的浪漫童话也开始破灭，彼此都显现出自己的真面目。天啊，真不敢相信！许多年轻男女就此抛弃了自己的阿尼玛或阿尼姆斯。他们离了婚，等待另一个有感觉的人、向对方示爱、结婚……糟了，又被吓到了。就这样，周而复始。

一个无可否认的事实就是，这种错觉是无可避免的。你心中有个理想。你和这个理想结婚，随之而来的是一个和这个理想不相符的事实。突然之间，你注意到事情和你的投射不太吻合。当这种事情发生时，你要怎么办？只有一种态度可以解决这个困境：同理心（compassion）。我的结婚对象没能符合我的理想，我必须接受这个可怜又可悲的事实：他 / 她不过是普通人。我也只是个普通人罢了。好吧，我会再换个人试试看；我会和他住在一起，对他友善些，显示出我对这个“凡人易犯的错误”是有同理心的。

完美就没有人味了。人类并不完美。能够唤起我们的爱的——我是指爱，不是欲，就是人类的不完美。因此，比较起你的阿尼玛或阿尼姆斯所投射出来的理想另一半，当不完美的活生生的人类进来窥视时，不妨就对自己说："刚好借此来测试一下我的同理心！" 试试看，可能会有新出路。你可能开始摆脱你紧盯不放的阿尼玛。锁定你的阿尼玛所投射出来的对象，却没有正中目标，正如同被你的人格面具固定住而无法动弹一样糟糕：你真的要从中解脱。生命的课题就在于要把自己从中释放出来。这就是荣格所称的个体化，也就是从"真正的你"的角度，来看其他人以及你自己，而不是从那些你往四周投射的，或是往你身上投射过来的原型的角度。

人类并不完美。能够唤起我们的爱的——我是指爱，不是欲，就是人类的不完美。

当然，圣保罗说："爱包容一切。"但是你不可能和上帝较量。[38] 期望自己付出过多的同理心，可能会对你自己的存在稍有些毁灭性。尽管如此，至少要尝试一下，这一点不只适用于个人，也适用于生命本身。要这么做太容易了。"这个世界不符合我的期望"是现在年轻人中流行的愚蠢的口头禅。"什么？我来了啊，这就是他们为我准备的！"把这种想法丢掉吧。对这个世界以及生活其中的人多点同理心吧。不只是政治生活臭气熏天，整个生命都烂透了，正因如此，你才必须用同理心来拥抱它。

在托马斯·曼早期的小说《托尼奥·克律格》(*Tonio Kröger*) 中，他提供了回答下面这个问题的答案：当现实穿透投射的面具自己显现出来时，我们该如何应对？[39] 他的故事是关于一位年轻人如何发现这个"每个人都需要同理心"的事实。

小说的主人公托尼奥·克律格出生在德国北部，他出生的小镇上每个人都是金发碧眼，身强体壮。他们每天都在这个生于斯长于斯的世界自在生活。这些人可以说是其人格面具的肉身。托尼奥的妈妈出生于地中海地区的国家。托尼奥的名字就让他的混血身分露了马脚。他一出生就是深色眼睛、深色头发，继承了特定的神经性气质，也让他具有成为艺术家或作家的潜力。尽管他深爱着这些金发碧眼、勤奋务实的乡亲，他却无法和他们自在相处；他总是站在观察者的位置。然而，他确实看到这些人很棒的一面。当他去参加舞会时，光是看这些人跳舞就觉得很棒：女孩子们都跳得好极了，男孩儿们也跳得很好。当他进去跳舞时，他总是觉得和自己的舞伴“同舞异梦”，彼此之间极不搭调。而且他也只能找到舞技很差的女孩子共舞。最终，他发现自己终究只是个局外人。

长大些之后，他决定要成为一名艺术家，他离家到外地去，前往自己不熟悉的地方。于是他就往南边走——可能是慕尼黑，并加入了当地的一个波西米亚社区，也就是我们说的嬉皮士社区。他在那儿遇到一些对生活该有的样子抱有理想的人；不只这样，这些人还拥有很厉害的语言能力，可以随时在别人身上安罪名，他们瞧不起这世上所有运转良好的事物。那是些有许多想法的人，他们发现这个世界不符合他们的想法，于是就抽离自己的投射以及对这个世界的爱，并从理想的幻灭中觉醒过来。他们冷酷、轻蔑傲慢且愤世嫉俗。托尼奥发觉这种生活态度在自己身上也行不通。他也是一位知识分子，他尊重他人的想法，但是他也爱自己故乡那些金发碧眼的乡亲。

托尼奥这位年轻人困在两个世界之间：一边是他所出生的、毫无想象力的务实工作者世界，另一边是他一直跟着四处闲逛、知性的波西米亚批评家的世界。他最终发觉，只要是这世上的一分子，就不完美，不完美就是人存在于这世上的理由。他体悟到，活着就不可能完美、理想。如果你想描述某位艺术家，你也必须客观地描述他拥有的冷酷无情的一面。能够辨识这些人的，就是这种不完美。向我们寻求爱的，也是这种不完美。

让托马斯·曼口中的“文人”（litterateur）（即帮通俗杂志写文章的人）转变成诗人或艺术家（即能提供让人性长存的意象的人）的关键，就在于艺术家会以慈悲之心，认同自己周遭的不完美。能够让理想幻灭并“改邪归正”为“与人分享的同伴情谊”，也非同理心的原则莫属。因此，当现实通过阿尼姆斯或阿尼玛显现出来时，你就必须回报以同理之心。是最基本的爱，是慈悲（charity），让一位爱挑剔批评的人，“迷途知返”成为一位对这个世界有所付出，同样也有所求的活生生人类。

这就是与阿尼姆斯和阿尼玛所带来的理想幻灭的共处之道。这种失望会唤起新事物。这一现实会唤起你身上的崭新的现实深度，因为你也不完美。而你可能不知道这一点。这个世界汇聚了各种不完美，你或许就是其中的“极致”。出于对世界的爱，你准确无误、不带怜悯地为它命名，并喜爱自己的命名。托马斯·曼称之为“色情反讽”（erotic irony）。这个发现将有助于你拯救婚姻。

我们讲到哪里了？我们讲到了自性，那是未经涂写的空白页。我们讲到了自我，那是在其经验和光亮的场域逐渐“拓展势力”的某种意识状态。我们提到了人格面具，那属于民俗观念的场域，也就是本土的、个别种族的生活方式。如果你所属的社会意象无法将你的无意识带入其意识世界发挥作用的话，你就会面对某种死寂的处境；你会迷失在一片荒原之中。

如果你所属的社会意象无法将你的无意识带入其意识世界发挥作用的话，你就会面对某种死寂的处境；你会迷失在一片荒原之中。

在所有原型之中，第一个会对你造成威胁的就是阴影。那是你要克制的，因为克制阴影才能够过社会要你过的生活。

下一个挑战会来自异性，充满令人不可抗拒的迷人魅力。弗洛伊德就这点而言，再正确不过了。特别是在青春期，生命的诱惑和奥秘就具体而微地浓缩在异性的质量中。

接下来就是巨大的心理因素。一见钟情确实会发生。但那到底意味着什么？你根本都不认识那个人呀！我希望每个人都有过那种经验：一个人走进房间，你的心脏瞬间停止了跳动。

托马斯·曼写过关于一见钟情的美丽小故事。在他的第一本书《小弗里德曼先生》（*Der Kleine Herr Friedmann*）中，书名中的小主人公有段净化心灵的经验。他是一位很好笑的小家伙，从未有过任何形式的恋爱经验。有一天，有位艳丽无比、体态优美的金发美女出现了。他说了些什么呢？“我的天，我的上帝。”他的心脏停止了跳动，那一瞬间才明白自己从来不曾活过。世界现在开启了。为你人生“指路”的阿尼玛现身时，就像是这样。[40]

不论你是否喜欢，阿尼玛就是会在你身上“搞鬼”。好了，有一件最勇敢的事情是你可以做的，那就是去和你迷恋上的理想结婚。接下来，你就要面对真正的课题了，因为生活中的万事万物，都已经被投射到他/她的身上。这种投射超出了爱欲；它会一路往下走。它会把所有东西通通拉扯出来。这个阿尼玛或阿尼姆斯是一条牢牢勾住你的整个无意识的钓鱼线，所有事物都被陆续拉了上来——尘世巨蟒（Midgard Serpent）、在底部的所有东西。这就是你的结婚对象。

就有人因此成为荣格派的精神分析师。这个小伙子告诉了荣格自己做的一个梦。梦中有个大悬崖，悬崖上冒出一条大蛇的头。蛇爬了下来——那是一条无比巨大的蛇。它往下爬，一直爬，似乎没有尽头。荣格说："那是某某小姐。娶她吧。"小伙子照做了。他的婚姻非常幸福。

但是，当你和自己的"一见钟情"结婚时，会怎样呢？好吧，你是和自己的投射结了婚。你和从你自己身上投射出来的某个对象——那个你放在另一个人身上的面具结了婚。

在类似形势下，该怎么做才是明智之举呢？在类似处境下，什么行为是可取的呢？在投射作用的面具下，自行显露出来的就是事实。面具是你的理想。而事实和理想不可能一致；事实是不完美的。你对不完美的事该怎么办呢？

荣格相信正确的观念在于排拒所有的投射作用。不要将你遇到的女性和你的阿尼玛投射作用混为一谈。不要认同来自你的人格面具的投射。释放掉所有的投射作用和理想形象。这就是荣格所说的个体化的意思。那些认同于自己的人格面具的人，荣格称之为神力人格（mana personality）；我们可以叫他们为"填充衬衫"。这种人除了他/她所扮演的角色之外，什么都没有。这种人永远不会让自己的实际个性有机会发展，他永远都只是个面具。而随着其力量的衰退——比方说他犯了错之类的，他就越来越害怕自己，歇斯底里地想要维持住自己的面具。然后，人格面具终于和自性分离了，并迫使阴影越来越倒退，一直退回到无意识的混沌之内。

不要将你遇到的女性和你的阿尼玛投射作用混为一谈。不要认同来自你的人格面具的投射。释放掉所有的投射作用和理想形象。

你要去同化这个阴影，要去拥抱它。你不一定要采取行动，但是你必须知道它、接受它。

你不是要去同化阿尼玛或阿尼姆斯——那是不同的挑战。你是要通过你的另一半去和它接轨。

你要去同化阴影，要去拥抱它。你不一定要采取行动，但是你必须知道它、接受它。

成为一个“真正”人类的唯一方式，就是通过和其他人类的关系。你的对象可能是男性也可能是女性，你也会成为别人的“其他人”。对于女性而言，男性都会带来阿尼姆斯的联想，或多或少都会有，而女性带给男性的就是阿尼玛的联想。

而第一种方式就是“同理心”法，它不是欲望，也不是恐惧。佛陀、基督以及其他灵性人物都说得很清楚，我们得超越欲望和恐惧。

当你深入无意识的时候，你拉出来的不只有阴影和阿尼玛，也会拉出体验和判断那些尚未应用到生命中的事物的才能。你会去整合你的劣势功能和态度，因此任何对立面都是促成你去全力实现自己潜能的契机，而不会变成撞翻在水妖之石上的沉船。

接下来是会带来非常严重对立面的 4 种危机。其一是你已经过渡到下一个人生阶段，自己却浑然不知——最好的例子就是沉迷于高尔夫球的初老男人，他们拒绝进入生命的后半阶段。

荣格说，生命就像太阳的一天之旅。它在一天的上半场会向上爬升，从出生移动到社会。它在下半场则会向下移动，从参与这个世界和社会，慢慢进入死亡。生命前半段的威胁就是生命，反之，后半段的威胁则是死亡，所有的象征符号也会随之改变意义。

> 生命就像太阳的一天之旅。它在一天的上半场会向上爬升，从出生移动到社会。它在下半场则会向下移动，从参与这个世界和社会，慢慢进入死亡。

荣格说，整个生命余年的大问题都在于将自己的劣势功能和优势功能整合起来。那是你生命晚年的大任务。所以我们只要关注“如何与自己的对立面结盟”这个意象就好了。同一个象征在外向性格的人身上会牵涉到“性”的内容，在内向性格的人身上则会和争斗产生共鸣。一旦我们开始触及个体化和整合，我们就会找到自己这两个心灵面向的连接点。

> 整个生命余年的大问题都在于将自己的劣势功能和优势功能整合起来。

若没有准备好，就要过渡到下一个人生阶段，则会中止这个过程。这对一位 40 岁的“老顽童”，或是已经 60 岁、却以为自己永远 35 岁的银发族而言，都是道难关。生命将你带往太阳的顶峰，然后就开始回转下滑——而你以为自己仍高高在上吗？喔，不，老兄，你早已到了下面了。你根本不知道自己将面临怎样一个大陡坡！与其一点心理准备都没有，不如在自己开始下滑时就了然于心，才能好好享受这一路的快感；下面也有不少美好的事物在等你哟！

第二种危机来自生活需求的“大松绑”。你可能天天工作到死，才成为这个世界的“鞋带国王”——你拥有世界上每一座鞋带工厂。现在，你已经 40 多岁了，再也不需要在事业上花费精力。所有事情都可以自行运作，你也有秘书代劳，她们不仅能力强，外表也比你原以为的更有魅力。突然之间，周围出现了许多让你分心的事。你满满的廉价力比多该如何挥霍？

爱欲导向的外向性格的人，这时会来个大回转，突然变成一个强力怪物。不论是老好人（Good old Uncle Harry）、鞋带国王或内向性格的权力男，都变成老色鬼之流。但是这个危机的悲剧却在于“一切都太迟了”的深刻感受。一切似乎都不对劲，因为你正在做错误的事。

另一种危机来自你对自己的道德理想丧失了信心，这种情况经常会出现在年轻大学生身上。年轻人上大学后认识的室友，往往来自完全不同的社会秩序——穷人和富家女同一寝室、贵公子和工人之子成为室友、基督徒和无神论者、甚至是犹太人遇上佛教徒。你发现自己的室友竟是位非常有教养的人。并不是说来自不同社会秩序的人，会诱惑你去做不该做的事，而是在了解他们的过程中，会让你质疑自己的道德原则。而让你的自我井然有序的，就是你原本拥有的道德原则——也就是你的人格面具情结。一旦道德原则松动，原本不该露面的，便通通趁机蹿了出来。你面临让你变邪恶的威胁、诱惑——我称之为“下面的阴影来敲门”。那是你的阴暗面在发话。你可能也会对上我所说的“阿尼玛或阿尼姆斯的闪亮目光”：来，小男孩，来这里玩。你从没见过这么让人耳目一新的女孩。

让你的自我井然有序的，就是你原本拥有的道德原则——也就是你的人格面具情结。

荣格说，让它来吧。让它去吧。但是不要放弃一切，你的自我才不会整个粉碎。想象一下我的一位学生的处境吧。她上了几门社会学的课后发现，她爸爸的财富建立在血汗工厂的剥削之上。她回家过感恩节时，整个人变得怪怪的，家人以为她在学校发生了什么事。 她开始不修边幅，穿得破破烂烂地来上课，头发也不整理一下。她已经越界到另一边去了。她被整个颠覆了。这就是对立面。她拿到敌对阵营的成员资格——她挥舞着被蹂躏的无产阶级的旗帜。此举恰如她欢乐又无知的过去一样，是那么的极端。

其实这也不算坏事，至少你得以体验有关“另一边”的所有事。这就像地毯的背面被翻了上来一样。事实上，我的学生有时看起来的确有点像地毯的背面。这类事情发生在如大学这样的机构之内，其实是好事，在那儿多少可以受到保护，因为那里最终还是要整合两个半边的。

最后还有一项危机，也是极为艰巨的挑战：决定去做你认为不道德、没尊严、让你感到羞耻的事。当然，最伟大的例子就是亚伯拉罕牺牲自己的儿子以撒的故事。天上传下来上帝的声音，要他去杀死自己的儿子，他面对不可能的抉择。他要么违抗上帝，要么杀死自己的儿子。如果他不牺牲以撒，他就会违抗上帝；如果他杀了以撒，他就会触犯人类行为正派的首要原则：做父亲的不应该杀死自己的儿子。

这真是令人无法忍受的抉择。类似的难以忍受的抉择也可能找上你。大萧条期间我有不少朋友，有家庭却没有工作；他们被迫从事那些如果自己能说了算，绝不会去做的事，但是为了维持家人的生活，他们也只得去做了。这就是会摧毁掉你的自我，并将无意识里头的东西整个硬扯出来的那类事。

对荣格而言，个体化这个问题，这个中年危机的挑战，就在于如何摆脱这些投射作用。一旦你体悟到道德理想，即你该献身的道德生活，会在人格面具中具体表现出来，你就能够体悟到这种心理现象的深度和威胁。你要根据适当性，也就是当下的礼貌、规矩，而决定是坚持或放宽你的道德标准；你的道德标准不需要和宇宙的真相一致。社会的律法是社会约定俗成的惯例，而不是永恒的律法，我们应该根据其意图的恰当性，来评判并加以处理。个人则依据自己的行动，作出自己的评判。然后，他就必须小心确认，社会秩序的守护者不会误解或刁难他，因为他没有完全按照他们的游戏规则去行事。整合的主要问题就在于找出和外在世界的关系，并充分过着富足的生活。

实际上，个人必须学会依据自己的神话而生活。

社会的律法是社会约定俗成的惯例，而不是永恒的律法，我们应该根据其意图的恰当性，来评判并加以处理。

05

个人神话

Pathways to Bliss

MYTHOLOGY
AND PERSONAL
TRANSFORMATION

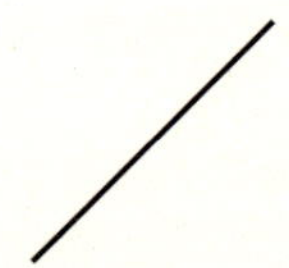

找出你自己的神话的方法，就在于决定哪些是会和你“感应”的传统象征，并将它们用作你冥想的依据。

荣格：我的生活神话

许多年以来，我都在以一种抽象的方式谈论神话。现在，我似乎该接受挑战，来谈谈神话对于你我的未来可能会有怎样的影响。我第一次想到这个“依据你的个人神话而活”的主题，是在读荣格的自传体著作《回忆·梦·思考》(*Memories, Dreams, Reflections*) 的时候。在书中的某一段，荣格描述了一个发生在他自己生命中的危机。那是 1911 年到 1912 年期间，荣格正在创作他的奠基之作《转化的象征》(*Symbols of Transformation*)。

他当时极度沮丧，因为他直到这个时候，才感觉到自己所有早期工作的基础，都是来自对严重精神病患者之心理状态的肤浅了解。他的专业生涯开始于苏黎世伯格霍兹里疗养院勃罗勒（Eugen Bleuler）的门下。勃罗勒正是创造出“精神分裂症”(schizophrenia) 这个名词之人，事实上，他的疗养院有非常多的病人就是精神分裂症患者。

在这个疗养院工作了一段时间，并且在勃罗勒的指导下拿到博士学位之后，荣格认识了弗洛伊德。弗洛伊德的主要研究对象是神经症患者 (neurotic)。神经症患者就是一个人虽然还能够在这个世界正常活动，对生命具有行得通而有意识的方向感，但却因为和自己的无意识系统的关系不恰当，而深感苦恼。另一方面，精神病患者（psychotic）却已“全面报废”。和精神病患者接触已经有一段时间的荣格，当时可以说已经相当熟悉所谓的“无意识想象力的原型系统”（archetypology of unconscious imagination）。

荣格开始阅读比较神话学的书籍：弗罗贝纽斯、巴斯蒂安、弗雷泽（J. G. Frazer）。他终于意识到，他的病患在找寻的从他们自己心灵涌现出来的意象，正是比较神话学家的世界以及他们的宗教研究史相当熟悉的内容。他的病人所幻想的意象，和神话的主题平行无误。荣格也注意到这些平行不只对精神病患者而言是真实的，对神经症患者甚至心理相对平衡的一般人，也很真实。

病患在找寻的从他们自己心灵涌现出来的意象，正是比较神话学家的世界以及他们的宗教研究史相当熟悉的内容。

这个发现给他带来了极其深刻的印象，并促使他埋首于神话的研究。《转化的象征》这本书阐释了梦的意识状态以及心象的神话性意识状态之间的相互关系。但是，这本书也是让弗洛伊德和荣格决裂的最后一根稻草。这本书很清楚地透露出，荣格不再相信“性”是前意识象征系统的源头、过程和结果，他也不认为“退转式精神分析”（regressive psychoanalysis）是唯一的治疗方式。对弗洛伊德和他的门徒而言，这是个该被“逐出师门”的行为。

这本书的完成，并非标志着荣格在这个主题上的洞见的结束。“几乎就在我完成手稿的时候，”他在《回忆·梦·思考》这本自传中写道：“我猛然意识到，一个人有没有神话来作为自己生活的依据，是会有很大差别的……”[41] 他想起曾经自问，自己是依据怎样的神话来生活的。一问之下他才觉察到，自己其实并不清楚。“因此，自然而然地，我再度亲身投入找寻我自己的神话，并把此举当成我所有任务中的终极任务。”[42]

我相信，再也没有适用于任何国家所有国民身上的单一神话系统了，更遑论要跨越整个西方文明。我也深信，世俗化就是今日社会秩序在本质上的特色。社会不再宣称自己的律法是神所赐予的。我们不再用神话的词汇来解释我们的律法。过去，律法是由上帝直接递交到摩西手中，并在《圣经》的《民数记》(*Numbers*)、《申命记》(*Deuteronomy*)、《利未记》(*Leviticus*)中，白纸黑字地明白列出。而现在我们没有这些了。就算是实体宇宙的律法也不是固定的。这一点我们不清楚。有关这个宇宙的新事物不断推陈出新，我们却不再拥有一个刻意指定的，并且可以长期有效的意象。

有关这个宇宙的新事物不断推陈出新，我们却不再拥有一个刻意指定的，并且可以长期有效的意象。

就个体的心理发展而言，我们分别来自不同的地方，生活环境和其中的机遇各不相同，因此，在每个人身上都行得通的单一神话并不存在。我相信在一个世俗社会的场域之内（类似于一个允许个人发展自己生活的中立架构），只要不会太过干扰近邻，我们每个人都拥有一个驱动我们的个人神话，只是我们可能不知道而已。那就是荣格这个问题的意义：什么是我的生活神话？

我认为对人类而言，近期内不会出现任何类似“联合神话系统”（unified mythology）这种东西，如果它还可能出现的话。我认为我们的社会化生活——被神话的第三个功能所覆盖，现在正通过另一个更好的方法来处理。然而，这样个体会被抛弃在一旁，对于他的意识与无意识之间的相互沟通，一点概念也没有。

神话的意象是意识状态得以通过它和无意识接触的意象。当你不拥有你自己专属的神话意象，或是当你的意识状态因为某些缘故排斥它们时，你就会和你自己的内在最深处“失联”。我想这就是神话系统存在的目的，让我们可依其而生活。我们必须找出我们确实依循它而生活的神话，并且清楚它的真相，这样，生活就能够驾轻就熟。

> 我们必须找出我们确实依循它而生活的神话，并且清楚它的真相，这样，生活就能够驾轻就熟。

我们有许多人确实是在依据那些能够提供指引、证明对我们整个一生是合宜的神话而生活。这些人对生命不会有太大的疑问。他们知道自己专属的神话是什么：某个传承自伟大宗教传统的神话。而且，有了这个神话，他们很有可能在人生的道路上就能够随时得到指引。

然而，对这个世界上的另一些人而言，这些路标指引不到任何地方。特别是大学生、大学教授和城里人，对这些人而言，古老的模式和古老的教诲就是“镇”不住，碰到生命的危机时，它们一点用处都没有。

还有些人或许觉得自己在依据一套特定系统过日子，但其实他们并没有。他们每逢星期天便去上教堂、读圣经，然而，那些象征并没有和他们对话。驱动他们的力量来自其他事物。

你不妨问自己一个问题：如果我面临一个遭糕透了的灾难处境，如果我所珍爱的事物以及我视如生命的想法，通通荡然无存，我要怎么活下去呢？如果我回到家，发现家人死于非命、房子被烧光，或是我整个事业因为某个灾难而毁于一旦，我要靠什么来支撑呢？我们每天都会从各家媒体上得知这样的事，我们看了便会想，好吧，那只会发生在别人身上。但是，如果它发生在我身上呢？我怎么知道我能够继续走下去，而不会因此垮掉、放弃自己？

我认识有过这类遭遇的有信仰的人。他们会说：“那是上帝的旨意。”对这些人而言，信仰会行得通。

你生命中有什么是可以为你扮演这个角色？你会愿意为它牺牲自己生命

的，是什么伟大事物呢？是什么促使你去做那些你正在做的事？你的生命对你的召唤是什么？古老的传统为人们提供了这个神话性的支撑力量；它让整个文化世界不会四分五裂。每个伟大的文明都是以某个神话为根基而成长起来的。

然而，今日的我们有大混乱。我们只能靠自己，我们必须去找出真正能够在我们身上行得通的那个事物。我们要如何做到这点呢？

我认为当代生活的大灾难之一，就是我们所传承的宗教一直固执于宗教象征的具体历史性。以我们的宗教所坚称的“史实”童贞女生子或耶稣升天为例好了——其实这些都是可以在全世界各个神话中找到的象征。它们的首要指涉必定是创造出它们的人类心灵。它们在对我们诉说某个我们自己内在的事物。它们不可能以指涉历史事件为主。而我们现在要面对的大问题之一就是，这些象征（也就是伴随我们成长的宗教）一直以来的“传播”机构的权威人士已经受到了质疑，因为他们坚持以“发生在某处的历史事件”来论述这些潜藏在象征底下的神话。童贞女生子的意象在指涉什么？一个历史的、生物的问题，还是一个心理的、精神的隐喻呢？[43]

我认为当代生活的大灾难之一，就是我们所传承的宗教一直固着于宗教象征的具体历史性。

我极为推崇心理学家亚伯拉罕·马斯洛（Abraham Maslow）。我在读他的一本著作时，发现了他以某种“价值表”来为其心理实验所显示的人类生存价值排序。他列出一张包括了 5 项价值的清单：生存、安全感、个人关系、尊重以及自我实现。看着这张清单，我纳闷不解，为什么我会感到这么陌生？后来，我终于认识到，那是因为上面列出的正是神话系统所超越的价值。

生存、安全感、个人关系、尊重和自我实现——在我的经验中，这些正是一位受到神话启发的人不会为之而活的价值。马斯洛的价值是关于人类意识状态所理解的首要生物模式。而神话始于疯狂。一个人若真的让召唤、献身、信仰、热忱紧紧地抓住，就会放弃他的安全感甚至牺牲生命，更不用说个人关系与尊重了，他也根本不会在乎自我的实现，他会将自己整个人交付给他的神话。基督下面这句话为我们提供了线索："为我失丧生命的，将要得着生命。"[44]

马斯洛的5个价值是在人们失去生活目标的时候，可据此生活的价值。这些人没有什么可"逮住"他们，没有什么可"捉住"他们，没有什么可以在精神上让他们产生狂热、觉得值得一谈。这些人是穷极无聊之徒。（在一篇评论《堂吉诃德》的文章中有一处精彩脚注，作者加塞特写道："穷极无聊之徒剥夺了我们的独处之乐，却没有提供伴侣。"[45]）

马斯洛的5个价值是在人们失去生活目标的时候，可据此生活的价值。

"对敬畏之物的觉醒"是这里的关键，也就是弗罗贝纽斯这位非洲文化的伟大研究者口中的"深受感动"——某个事物"逮住"了你，让你从俗世中全身而退。

你究竟会被什么"逮住"呢？要知道这一点不太容易，可能性也不大。你会发现自己竟在做些蠢事，一直被什么"逮住"不放，但是你并不知道那动力为何。你被重重一击，击中你的是那种对敬畏之物、对迷人魔力、对奥秘经验的觉醒——你觉察到自己内心的真实喜悦。有了这种觉醒，你的心智也就苏醒过来，随时供自己使唤。大脑让你有能力去找到谋生机会，好维持你的家庭，并让你在社区内获得尊重；有了正常的心智，大脑就能将这些事做得非常好。但是大脑也同样可以迫使你放弃那一切，因为你深深迷恋上某种神奇的奥秘。

我所知道的有关此现象的最生动的案例，当属法国画家高更的一生了。他是一位很成功的生意人，拥有美满的家庭、舒适的住宅；然而，他一下迷上了在自己眼前展开了的绘画天地。当你开始沉迷于涂鸦画画这类事之后，这类活动就可能让你“混”得失去你原本的生活——发生在高更身上的就是这种事。他就这样离家出走历险去了，忘了他的家人和其他一切。他的觉醒把他带领到塔希提岛，产生了那些美丽的绘画作品。马斯洛所说的那些价值都被他抛在一旁，他单纯地开始活在他内心真实的喜悦之中。

当荣格说他要去找出自己的生活神话时，他想要找出无意识或下意识的事物究竟是什么？让他做出一些奇特、荒谬的事情，并引来意识状态必须去解决的麻烦事的，究竟是什么？这么说好了，因为对觉察的觉醒，以及对马斯洛“5 大人生价值”的超越，我们的演讲主题才真正要开始。

我先前提过昆达里尼瑜伽，这种印度瑜伽系统就是在让灵魂的精神发展追随一条大蛇的旅程，遍及我们全身，并贯穿身体的 7 个驻点或脉轮。人体底部的三个中心点分别代表了生存的驱力、性的驱力以及权力的驱力。

马斯洛所命名的价值层级，就相当于底层的这三个脉轮。这些是人类与动物共享的价值。我们拥有动物的躯体，当然，不是一条狗或一只瞪羚的躯体，但这是一个属于人这种动物的躯体。我们也过着属于人类模式的动物生活。我们就不要自吹自擂地说，这就是人性的最高面向了吧！我们想紧抓住生命不放，正如其他动物一样。我们有性的渴望，正如其他动物一般。我们有想赢、想击败对手，并打倒挡住我们去路之物的渴望，一如其他动物那样。马斯洛博士的价值层级不过就是这些。

当昆达里尼大蛇达到第四个脉轮时，灵魂便会体验到对敬畏之物的觉醒，而在印度瑜伽系统内，聆听神圣音节“唵”（aum）的声音就象征了这点。这是动物听不到的。对这个声音的理解开启了一个得以进入宇宙之内的奥秘维度，人们想要去了解奥秘的欲望成为了他们精神生活的开端。在昆达里尼瑜伽系统，第四个脉轮与心脏在同一个高度。正如他们说的，信徒的双手正是在心脏位置碰触到神的双脚。你在这个高度唯一能碰触到神的，也就只是它的双脚而已；你必须继续往上走。所以，出现对奥秘的此种感受时，我们的精神之旅才真正开始。

你必须继续往上走。所以，出现对奥秘的此种感受时，我们的精神之旅才真正开始。

要让动物知道自己的死期将近，就要能让动物有所察觉。动物在晚上看到光线时，会凑上前去想要知道那是什么。那是个开端。你或许会说，它们下一世就会提升到人类的层级。这就是对敬畏之物的觉醒。但是我们现在想要去追随的光，是可以最终带领我们进入纯粹、无差异的超越之光。这就是“唵”这个音节的重要性。

我们先不管第一、二、三个脉轮，它们都仅仅和现世、理性的生活相关。无疑，想要体验到“唵”声或敬畏之物，人的生存需求必须先得到满足。但它们只是一个大型结构的基础，我们想要往上移。

在昆达里尼瑜伽系统中，伟大的人类经验是从听到“唵”这个音节开始的。接下来，心灵会受到吸引，会努力想去多知道它一些、更接近它一点，这种渴求就和第五个脉轮有关，它位于喉咙的高度、字词开始之处，也是动物无法达到的地方。它们无法说话。它们可以发出声音，但是，就我们目前所知，它们并没有言语或概念的沟通。

有了沟通，神秘的经验于是展开。[46]

神话世界或神话传统都会以“战栗”来开场——有个什么东西将你从你自

已拉出来、超出了你自己、超出所有理性的模式。文明的建立也是出自这种战栗。你只要去看看那些纪念碑，就可以看到人类所能想到的最狂热的事物。看看金字塔就好了。试着以理性的意义、目标，或经济必需品的角度来诠释它们；以埃及当时所拥有的科技——实际上什么都没有，要建造这么一座庞然大物，对社会究竟意味着什么。世界上的大教堂、伟大的庙堂，或是任何让艺术家付出自己生命才产生的这些事物——它们都出自神话的战栗，而不是来自马斯洛提到的那些价值。对敬畏之物的觉醒、对热忱的觉醒，只是开端而已，而耐人寻味的是，能够让人们聚集在一起的，也是这种觉醒。

世界上的大教堂、伟大的庙堂，或是任何让艺术家付出自己生命才产生的这些事物——它们都出自神话的战栗，而不是来自马斯洛提到的那些价值。

反之，依据马斯洛的 5 项生命价值而生活的人，却会被推开，隔得远远的。有两种事物会让人们紧紧依偎在一起：热望和恐惧。这些是凝聚社会的强力胶。我们来看看中世纪欧洲社会的神话基石：失乐园的堕落、十字架的救赎这些伟大神话以及教会这个承载人类救赎恩典的唯一容器。整个社会就围绕着"所有人类一出生就从娘胎带出原罪，而从我们的灵魂清除这个污点的唯一方法，就是只有通过教会这个机构才能进行的圣礼"这个观念而建立起来，教会则声称它的创建者是基督这位一手创造这个世界的上帝独子。所以，这个让人惊叹的文化的整体存在目的，就是要将每个人遗传自"伊甸园中的人类祖先因为不服从上帝所造成的可怕错误"的灵魂，好好清洗干净。

圣保罗似乎是将所有这些观念串联起来的第一人。中世纪社区的整体结构就是以热望和恐惧的神话作为其建造基地的，而热望和恐惧的神话也提供了解释中世纪的唯一方式。它们的确具有与经济相关的具体价值，但是它们和建造沙特尔大教堂（Chartres Cathedral）一点瓜葛都没有。亨利·亚当斯（Henry Adams）在《圣米歇尔山与沙特尔大教堂》（*Mont-Saint-Michel and Chartres*）这本书中讨论到了这点。[47] 欧洲所有伟大的大教堂都是在公元 1150 年到 1250 年的这段“疯癫”时期盖起来的。那时候的老百姓连买两头牛的钱都没有，更别说买两部车了！那么，那些人是为了什么而活呢？

你不该去想到奴性；那不是盖出那么宏伟的大教堂的主力。当时老百姓活下去的动力其实是来自社区的集体战栗——一种神话性的热忱。那么，后来发生了什么事？这股热忱现在已经消失不见了。对于神话的基础，对于创世记的历史真相，一旦出现了怀疑，整个社会便四分五裂。热望和恐惧消退了，神话的梦想也跟着褪色了。

我必须要说，万事万物如今对我们来说，真是极其软弱无力，我们再也凝聚不起来了。在我们眼前的不是可让人们不由自主地聚集起来的热望，也没有任何铺天盖地的恐惧会将我们赶在一块儿。好了，不要为社会担心。我们今天在这里是为了凝聚自己。

万事万物如今对我们来说，真是极其软弱无力，我们再也凝聚不起来了。

我们如何在自己身上找到这个可以真正感动我们的事物呢？正如我说过的，神话基本上在任何地方都相同。因此，神话意象不是以指涉历史事件为主。它们来自心灵，也在对心灵诉说；它们指向我们的心灵——也就是我们所说的灵魂，而不是某个历史事件。

某些特定的感觉会自发地启动人类身体作出回应，这点是不容置疑的。你不用别人特地告诉你什么是“性”的讯号；事实上，通常也不会有人告诉我们，但生理需要会自然跳出来主导，一切也都会顺畅地运作。事情就这么接连展开，父母们也要开始伤脑筋了。所以我们在“性”这方面，并不需要特别接受指导——当然有人指导也无伤大雅。

同样地，特定的气味也会立即启动唾液的分泌。当你在一个舒服的地方躺下来时，睡眠便会突然来袭。人类的身体会去自动应答一些约定的信号。在以下方面我们和动物表现相似：懒散、机体的正常动作、性的热忱、母亲对新生儿的爱、对威胁到你的人会攻击，等等。

人类心灵之中还有另一个意识状态层次，我会将之与从心脏到头顶的人类意识状态这个奇妙事物的各个层次相联系。当敬畏、热忱以及渴望求知的人类心智被唤醒之后，一种“人类为何”的新感知也就诞生了。正如我们每个人都有实质的躯体，我们才会对同样的味道作出类似的回应一样，我们每个人也都拥有一个精神上的意识状态，对于兼容的信号会作出响应。而人类心灵的整个原型概念则基于下面这个想法：人类的大脑和交感神经系统中会有一些结构随时去响应特定的信号。这是全人类所共享的，虽然会因人而异，但是在本质上相当接近。当这些结构被触发之后，就会有自动的响应，正如不论是一只非洲料理锅里的香蕉，还是一只放在我居住的漂亮旅馆房间内的香蕉，都会发出香蕉的味道。历经了数千年，我们也已针对人们对灵性象征是怎么响应的，发展出一些经验；当你在冥想一个特殊的象征时，它就会引领你的心智，将心智置放在意识状态的一个特定平面上，并因此启动你更深层的灵性力量。每个人都有他自己的偏好；每个人都准备好要迎接不同于任何其他人的体验。你准备好要去迎接的象征，会唤起你内在的回应。

当敬畏、热忱以及渴望求知的人类心智被唤醒之后，一种“人类为何”的新感知也就诞生了。

然而，在西方的传统中，这些意象、这些象征，一直都被拿来应用到历史事件上。在我们的宗教传统中，我们将童贞女生子、死亡、死而复生、耶稣升天这些主题，都诠释为具有时间性的特殊片段。一旦你开始怀疑这些事件是否真的发生过，你的信仰可能就岌岌可危。你将失去这个象征，因为你排斥它。这个象征通过“人、事、时、地、物”的新闻报道形式提供给你；然而，你们学了生物学，有了基本的概念，根本不会去考虑“童贞女生子”的可能性或可行性。这些意象真的是在指涉历史上某个时候、某个地方，有位处女生了小孩吗？其中的奥秘真是如此吗？不，这种奥秘不是指涉在特定时间、地点，某件事可能或不可能发生过。“童贞女生子”的主题在全世界各地的神话故事中都有出现，因此，它必定是在以一种全然不同的方式在对人类的心灵诉说。

当这些象征消失不见时，我们也失去了让我们的清醒意识与深层灵性生活得以彼此沟通的器具。我们必须重新启动这个象征，将它带回到我们的生活之中，找出它的意义，想办法重新和它接轨。

当荣格决定去找寻他的神话时，他做了些什么呢？他的发掘过程很有趣，充满孩子气。当时他 37 岁左右，他问自己，小时候，当我自己一个人独处，而大人说我可以去玩耍的时候，我最喜欢做什么？当时他最喜欢做的事，是把石头堆起来，搭成一座小小的石头城。

他心想，好吧，我是个成人了，我要玩大石头！他于是为自己买下了一块地，那个美丽的地方位于苏黎世正对面的湖畔。他开始在湖光山色的阿斯科纳盖起房子，他亲手参与盖房子的规划和工程，他的想象力也随之启动。

这是件大工程，要设法去启动你的想象力并不容易。寻求他人的建议是行不通的。你必须找出你自己的无意识冥想的到底是什么。随着想象力的启动，荣格发现各式各样的新颖玩意儿陆续涌现，梦境里什么样的内容都有。他开始记录下他所做的梦，并借由各种联想，加以扩大、增强、延伸。

要设法去启动你的想象力并不容易。寻求他人的建议是行不通的。你必须找出你自己的无意识想要冥想的到底是什么。

通过这种方式，他正式展开了发掘自己神话的工作。他发现他的梦境变得很重要，内容也非常丰富；他开始在一个小日记本上写下自己的梦境内容。他不放过任何在梦中出现的小细节和内容主题。他记下自己做的梦，为的是让它们在他的意识状态中重新“现身”。他不间断地记日记，原本潜藏的各种意象也逐一显现。他还会画下某些梦中出现的事物——方式总是非常严肃。他这本小日记放在如今这个时代是绝对不会被出版的，私人色彩太浓了。这本日记是他既正式又具仪式性的探索原点，他的生命奥秘也出自这个地方。

一旦你开始去记录自己的梦境，你就会发现梦会越做越多、越记越多。你会想要入睡，好多做些梦。你也将发现梦中有的故事会自行演绎开来。当然，做这事，你的空闲时间要多一点。

1954 年的时候，我和我太太琼曾去到阿斯科纳拜访荣格和他的太太。那栋大房子绝对可称得上气宇轩昂。它不只是栋建筑物而已，说它是“有机住宅”绝对当之无愧；它像是从地面上生长出来的某种有机体。荣格是个土生土长的瑞士人，出生于一个湖光山色的国家。他和那里的土地非常亲近。他的祖先来自瑞士乡间，特别是母亲那边的先祖。他的祖父来自德国，是位医师，而那个时代的德国也拥有基于土地的文化。所以荣格骨子里有着农夫的基因。当然，对我们大多数人而言，那并不是属于我们的世界。我们得找出我们自己专属的世界才行。

在他开始自己的“梦境日记“后不久，荣格意识到他的梦境与他为了写作《转化的象征》而持续研究的伟大神话主题相当一致。各式各样的曼荼罗开始出现——率先把曼荼罗作为自我发现之心理工具的，就是荣格。

荣格的两位好朋友对其洞见的发展也有贡献，他们是伟大的印度学家海因里希·齐默尔，也是我的私人朋友和导师，以及伟大的汉学家卫礼贤（Richard Wilhelm）。这两个人分别在印度和中国的神话传说上拥有极其广博的知识，他们协助荣格辨识出了下面这两者之间的关系：他做了梦之后涂鸦画下来的象征，以及东方曼荼罗这个中国风的金花冥想。有了这个新近启动的想象力，荣格逐渐意识到梦具有的两种规则：小梦和大梦。

小梦来自梦境意识状态的某个层次，属于相当个人化的枝节纠葛。它们来自后来人们所说的弗洛伊德的层次或无意识的层次。小梦的特性在本质上属于自传体式，其内容也不会是你想和他人分享的——做这种梦的时候，你是在一片意识状态所延伸出来的茫茫大海中，一边碰撞着来自童年期和婴儿期的禁忌以及那些“你不应该”这样的不愉快成长经验，一边试图理出个头绪来。

另外还有一种梦，你会发现自己在这种梦中面对的难题，无关你的独特生活、社会或年龄的情况。反之，你遭逢的是一种全人类要面对的大难题。这就是荣格所说的大梦。

以我之前提出的问题为例：在面对灾难时，支撑你的是什么？在这种时刻，心灵和自我的意识状态都被迫要去和死亡以及宇宙的本质这两大奥秘角力、格斗。除了人类之外，没有动物会觉得自己在这两大奥秘之间左右为难。与此同时，你要打理的，还有深藏在你内在的“自身存在之奥秘”。你的自我意识状态因此将会迎面碰撞这些铺天盖地而来的各种人生奥秘——宇宙、死亡和你自己的深层内在。当你面对的是这一类问题的时候——而不是今天该不该与某人上床，你就陷入一个充满各种极为深奥问题的场域。巧的是，世界各地的伟大神话也都在处理这些问题。

如同我说过的，这些主题具有宇宙共通性。当然，它们会依据不同的“人、事、时、地、物”而出现在这儿、那儿或四处；正是如此，它们发生在你生活当中的“调性”，就会不同于其他人的生活。每个神话象征都有两个不同的面向，我们要能够有所区分：宇宙共通的面向以及本土的面向。巴斯蒂安发明了“基始观念”以及“民俗观念”这两个专有名词来分别描述这两个面向。

我发现印度文化也同样认同这两个面向。那里的人分别把它们叫作玛加（mārga）和德西（deśī）。玛加这个字的字根和“动物走的小径”有关；它的意思就是“路径”。印度人借用这个字来表示“循着这条路径，象征的特殊面向就可带领你达到个人的明觉”；它是通往启蒙的路径。德西则是“地区性的”。所有的神话象征在这两个方向都行得通：玛加的方向以及德西的方向。德西（即本土的面向）会将个人与其所属的文化连接起来。

一个以神话为根基的文化所带给你的象征，能够立即唤起你的参与感；它们全都是些充满活力、活生生的联结物，它们让你和文化本身搭上线，也能够连接你和“躲”在文化下方的潜藏奥秘。然而，当该文化所运用的象征不再具有活力，或失去了功效时，象征反而会让你和奥秘脱勾失联。“玛加”或“基始观念”提供了一条回到议题核心的路径。你若能从宇宙共通的意义，而非本土的、专属的指涉来检视象征的话，就能够踏上直通自我发现和明觉的路径。

以神话为根基的文化所带给你的象征，能够立即唤起你的参与感。

找出你自己的神话的方法，就是去决定哪些是会和你“感应”的传统象征，并将它们用作你冥想的依据。让它们在你身上发挥作用。

仪式不过是神话的戏剧性、视觉性、积极性的化现或呈现罢了。借由仪式的参与，你就能够投入到神话之中，神话也就会在你身上发挥作用——前提是神话的意象要能先虏获住你才行。

如果你只把仪式当成例行程序而没有真正投入，却期待它发挥神奇效果，并让你上达天堂的话——毕竟你知道当你受洗后，你会上天堂，你就已经转身远离这些仪式和意象的恰当用法了。

找出你自己的神话的方法，就是去决定哪些是会和你“感应”的传统象征，并将它们用作你冥想的依据。

首先，回想一下你自己的童年，就像荣格一样——回想一下那些让你留下了印象的象征。不要去回想它们和某个机构的牵扯，因为那机构极有可能已功能尽失或让人难以尊重了。而是要回想一下这些象征是如何在你身上运作的。让它们在你的想象力之上运行，让它们启动你的想象力。借此，你自己的想象力将和这些象征产生关系、交互作用，你也将体验到玛加，也就是开启通往奥秘核心那条路径的象征的力量。

依照经验来说，我相信再也没有比比较神话学的研究更能让你掌握一个意象大体上的形貌，给你提供许多接近它的不同方法了。意象本身是滔滔雄辩的，它们会主动和你说话。当知识分子试图详细说明某个意象时，这个意象是永远不可能耗尽其意义，也永远不可能耗尽其可能性的。意象在本质上并不特别意味着什么：它们就是它们，正如你就是你一样。它们诉说的对象是你内在的某种精髓。

随机问某位艺术家：“你这幅画想表达什么？”如果他足够轻视你的话，他会回答你。

我的意思是，如果你需要他告诉你图画的意义，那你根本就没有真正看到那幅画。落日想表达什么？一朵花有什么意义？一头母牛意味着什么？

佛陀又被称为“如来”（tathāgata）。他就是“如他本是”。我们的宇宙也是“如来”。每一片宇宙都来自相同的底层。这就是“缘起教义”（Doctrine of Mutual Arising）。

当我踏访日本长崎，那个我们美国人丢下第二颗原子弹的地方时，我对这一点也颇有所感。如果说丢第一颗原子弹是个悲剧的话，第二颗就是猥亵了。那里有个大广场，就在原子弹爆炸的地方，上面有座巨大的雕像，一只手指精确地指向原子弹掉下来的地方。那里还有座博物馆，里面陈列着因为原子弹爆炸而出现在每个人身上的“物证”。其中有壁画和照片，你可以看到这座曾经被“一举肃清”的城市被原子弹整个扫过的样子。现在，长崎已经重建了，成为一座崭新而现代的城市，除了这个被人们保留作为回忆和省思的纪念公园。

而我，一个美国人，一个对日本投掷过原子弹的美国人，造访了原子弹当年掉落的地点。但是在我和日本人的互动关系中，并没有出现任何愧疚感或指控，因为敌意是互相的。你认为在你身上发生过的事，会被你带出来。你对他人所做的事，也会发生在你身上。日本人知道这点，也相信这点。这是亲身的经历，相信我。

所有这些关于意义和道德价值的教条式大话，其实和其中的核心奥秘一点关系都没有。它是个“是”（is），而要能够体验到我们自己的“是”（isness）与所有奥秘中之奥秘的关系，方法就是通过对这些基始神话意象的处理。

基本上，梦境意识状态中有一个层次是从你的本性“跃”出的，并非出自你的个人人生故事。你的本性本身其实也有两种规则。一种是动物本性的规则，也就是所有人类的同一个本能系统。另一种是你的灵性生活的规则，即那些来自脖子以上的东西。

没有什么动物拥有像人类的心智这么了不起的东西了。当弗洛伊德从脊柱底部的角度出发，来诠释属于脊柱顶端的启发和热忱时，他误解了整个事情。由于神话意象的整体意义就在于把你往上推向精神的境界，所以，若是像弗洛伊德那样，以一种纯躯体、生物的方法来诠释这些事物的话，就会把你再度往下拉；这么做会刺破象征，让它漏气、瘪掉。我们和动物一样拥有活下去的欲望，拥有想要生存以及得到安全感的渴望。我们和动物一样都有性的热忱，以及想要胜出和获得尊重的热忱——我是赢家。然而，我们也具有内在的潜能去追求经验的全然不同层次，它们可在一瞬间降临在我们身上。

我们也具有内在的潜能去追求经验的全然不同层次，它们可在一瞬间降临在我们身上。

但丁在他的《新生》一书中，就描述到这种启蒙时刻——就是当他看到比阿特丽斯的那一刻，他从一个人类动物转变成为一位诗人。有些学者可能会将比阿特丽斯诠释为“情欲的客体”，然而，在但丁的眼中，她是一种美的化现；他是在一个完完全全不同的层次上，体验到她的现身。

他被乔伊斯所谓的“美学的捕抓”（esthetic arrest）“撞击”到了。[48] 那就是灵性生活的开端。正如但丁在这本迷人小书的头一页告诉我们的：“我双眼的精灵说：‘你目睹你的喜悦。’我心中的生命精灵说：‘你目睹你的主人。’我身躯的精灵说：‘现在你有苦头吃了。’”[49]

尊重、社会关系、安全感——所有这些需求都消失无踪了。她是来自宇宙深处那束奥秘之光的终点。一旦他去追随那道光束，光束就会带领他到达世界奥秘的专属特别席（但丁时代的文化会这么自我表述），也就是三位一体。

因此，首先你必须在你自己身上找出可让你感动的事物。当然，它需要在一个人的层次上感动你。它也应该通过一种适合于你的生命阶段的方式来感动你。你必须知道属于你当前生命阶段的原型是什么，并依据这个原型来过日子。想要生活在已经不属于你当前生命阶段的原型中，是神经症烦恼的肇因之一。我之前谈过的那些在心理治疗师躺椅上失声痛哭的40岁的老婴儿，他们缺乏对自己的判断的信心，总是在寻求权威的意见。

首先你必须在你自己身上找出可让你感动的事物。当然，它需要在一个人的层次上感动你。它也应该通过一种适合于你的生命阶段的方式来感动你。

当一个人试图让自己维持在制高点时，也会出现这个问题。他的生命开始走下坡，但是他认为自己仍旧高高在上。因此，正如我们会看到的，他会去钓鱼。好吧，一个接近 70 岁的男人去钓鱼，应该不只会钓上鳟鱼而已。至少要能“钓”上来一两尾美人鱼才对。这点他很清楚。

当你所戴的面具出现裂痕时，当你对它失去信心时，你就可能退回到你任一生命阶段的心灵状态。而当整个社会失去了它的意象时，它就可能陷入一种所谓的荒原处境。我们已经在其中挣扎了一二百年。在这种处境中，没有任何事物真正具有意义，因为我们的宗教意象都在指涉数千年前的事，我们并没有真正启动我们目前所居住的世界。这是当代诗人和艺术家的职责。

北美洲印第安人的社会象征系统被整个抹掉之后的情形就像这样。在 19 世纪后半叶，印第安人的文化基本上就整个被“删除”了。这片中央大平原上的狩猎族群的宗教崇拜和精神生活，原本都建立在他们对美洲水牛的相关仪式上；美洲水牛是其中的核心象征。被人类猎杀的动物，其实是将自己呈贡出来作为一项有支配权的牺牲品，为了履行动物与人类的协议，人类会进行特定仪式好让水牛的血和生命归返土地，这样水牛就能够复活——苏族女孩嫁给水牛酋长的故事讲的就是这个。这是一个动物和人类族群都能理解的盟誓，也是所有草原部落水牛崇拜的核心仪式的课题。族群公共精神的整体意象，就在这个仪式的循环之中。

19 世纪最后 30 年间，美洲水牛因为两个理由而被大量屠杀：第一，防止它们挡在横越北美大陆的火车前面；第二个更加专横的理由是，一旦水牛灭绝，印第安人就无从打猎了，他们就只能待在印第安保留区内。一下子，整个印第安社会的神话就此失去其核心意象。仪式、唱歌、舞蹈，都不再具有现实性。一切都回到什么都不存在的时候。

接着发生了什么事呢？当时适逢佩奥特掌（peyote calt）崇拜从西南美洲入侵，横扫了整个大平原。鬼舞仪式又流行了起来。印第安人丧失了其社会的外在意象，因此他们只能转向内在，从新的形貌中重新找到自己被夺走的支持。

在我们的世界，目前正发生着同样的事情。当外在世界无法唤起你在心理上的参与感时，你就转向内在。你可以靠着佩奥特掌或迷幻药这类东西，你也可以借由和迷幻药全然不同的冥想，来协助你转向内在的追寻。

当外在世界无法唤起你在心理上的参与感时，你就转向内在。

当然，最好的冥想方式是纳入到宗教的象征中去，而不需要担心其历史性真实与否，但是知道它与某种内在经验层面有关。选择你想要冥想的意象。当今的世道就是所谓的“破碎的神话传统的终碛”。我们要通过博物馆的收藏或自己的四处搜索，才得以认识人类的神话意象。我就看过人们在那里追寻——他们拿来埃及、阿兹特克或任何文化的意象，来充作自己的心灵支柱。除此之外，你觉得还有更好的方法吗？

爱尔兰诗人叶芝有一本很棒的诗集，标题就叫作《幻象》（*A Vision*）。当叶芝和年轻的乔吉（Georgie Hyde-Lees）结婚时，他已经上了年纪。结婚后没多久，妻子乔吉开始写作，不用多想许多内容就会在笔端涌现出来。她的写作内容都和叶芝的哲学有关——甚至叶芝本人都对这些内容毫无所悉的内容。这真是位不可多得的结婚对象。

她所写的都是些非常神秘的事物——都来自她的内在心灵。叶芝认为自己接收到的信息是来自灵界告密者的启示——他也算是某种神秘主义者。《幻象》的内容非常复杂，但其中的意象系统，我认为对我们当前所关心的极为重要。这套意象系统可以说是叶芝版的面具，也就是你为了存活下去必须戴上的面具。显然，叶芝的这套哲学和荣格的人格面具观念密不可分。无论如何，你每天都必须戴上一张面具，必须穿上一套戏服，必须成为某个人物或看起来像某个事物。但还不止这些。

在书中，叶芝也提出他所谓的“主要面具”（primary mask），也就是社会期望你去扮演的角色。在你出生后，你的父母开始向你灌输每位父母都会关心的，定义这个社会的生活模式。他们心中的愿望就是童年的教诲能把自己的小孩引领进入日后该有的生活。生命的前半段就是要投入这个世界。这个阶段在强调德西：引诱年轻人选择加入这个世界的本土文化意象。社会和你的双亲都鼓励你努力配合社会所认可的可能性而生活。

生命的前半段就是要投入这个世界。

社会和你的双亲都鼓励你努力配合社会所认可的可能性而生活。

我小时候，大家都会拿纽扣来玩游戏：“有钱人、穷人、乞丐、小偷。”

“你长大后要做什么？”

“我要当垃圾清理工。”这个职业很有前景喔——那是你从社会取得的“主要面具”。

此外，叶芝和他太太还谈到了第二种面具，他们称之为“敌对面具”（antithetical mask）。事情越来越刺激了！就在青春期过了一半、你逐渐成熟之际，你自己生命的前景开始崭露头角，这和社会强加在你身上的前景并不是同一回事。“他们从来没有注意到我！我是个独特的人。我内在有很棒的东西，哎呀，我要去找出那是些什么！”好了，现在你注意到“找出自己的神话”这个问题了。

叶芝夫妇通过“一个月 28 天”这个意象来化解“主要面具”和“敌对面具”的冲突。在这个循环的第一天，天空是黑暗的——你出生了。你开始成长，多数时间都是在黑暗之中。大自然和社会都督促你戴上你的“主要面具”向前进。

在第一周的结尾，来到了半月这个阶段，这是属于青春期的时期，更重要的是，即将满月的觉醒时刻来到了，换言之，轮到“敌对面具”上场了。突然之间，你迫不及待地去寻找属于你自己的热忱、属于你自己的命运，并去过属于你自己的生活。在这个阶段，你会对强加在你身上的“主要面具”以及社会很有压迫感。你会有想要破茧而出的欲望，想要去突破：“让我做我自己。”我们会与之对抗、极力争取，不论运气好坏。

在这个周期的第 15 天，满月来到。在这天，“敌对面具”终于遂其愿，得到满足：中年事业、中年生活都如己意。如果你想要有所成就，这就是你在那个时刻的样子。

接着，黑暗再度降临。到了第 22 天，“主要面具”再度接手；大自然“班师回朝”。你个人生活的残存日子越来越短、越来越微不足道，你大部分时间都花在看医生和睡觉之类的事情上。

最后，当然了，第 28 天降临—— 一切都不复存在。

这就是生命的奥秘，以及它的各种面具。当事物开始崩溃、当它开始相继倒下时，你要怎么做？你要像一条老狗一样，越来越老，整个缩起来吗？或者，你会在满月之时，设法跳到太阳的耀眼光芒中？

北美洲中部的大平原上，这种经验每个月都可以体验一次。每逢月亮周期的第 15 天，太阳在西方落下的同时，满月也在东方升起。它们的大小恰好相同，甚至颜色也相同，肉眼也恰好可同时看到它们。那是你的中年期，一个力量饱满的时刻，你对生命的热忱也已经到达最高点。从那个时刻起，那股能量必定保留在你的精神、心智之内。月亮是躯体生命的象征，自然也包含死亡在内。太阳则象征没有黑暗的纯净精神，所以与死亡无关。也就是这种纯净的精神，可以用慈悲的眼神看着你的躯体走向所有躯体的必经之路。这是所有受造物都能够共享的灵性生命的经验振幅。

就是这种纯净的精神，可以用慈悲的眼神看着你的躯体走向所有躯体的必经之路。

我演讲时经常会请听众抬头看演讲厅的光源。通常讲到光源，可以指发出来的灯光（light），或是发出灯光的灯具（lights）。每次这么一看，都提供了我们一个一般性的原则，即灯光才是重点。

当有个灯泡破掉时，没有人会说：“喔，老天，我们真的很爱那灯泡，这真是太可惜了。”如果你真的对它有特殊的感情，比如它的外形很别致之类的，你可以将它拿下、放在一边，但通常你不会太过在意；你会换上另一个灯泡。

因此，你可以通过两种方式来看待这个世界：一种是一只只个别的灯泡；另一种是各种灯泡照出来的普通灯光。如果我低头看向演讲厅内的听众，我看不到灯泡，我看到的是大家的脑袋。这里面装的是什么？意识状态。每个脑袋都是意识状态的装载工具。你和自己认同的是什么？你会认同灯泡还是灯光呢？你会认同躯体还是意识状态呢？我现在讲的是基本的神话主题。年轻时所关心的是如何让这个装载工具，也就是我们的躯体，在成熟期达到最圆满，好让它成为意识状态的最佳装载工具。到了成熟期，我们就会将自己的重心从关注意识状态的装载工具，转而认同意识状态本身。当你将你的生命与意识状态相认同的时候，你将发现躯体变得无足轻重。那就是满月时的大危机。

到了成熟期，我们就会将自己的重心从关注于意识状态的装载工具，转而认同意识状态本身。

这就是但丁说他在 35 岁时所体验到的危机；这就是出现在《神曲》中的心象，用但丁的话来说，整个宇宙并没有太多意识状态的展现，更多的是爱的展现。他将自己比作那个爱、那个恩典认同，从超越的王位出发，现身于比阿特丽斯所等同的美丽的装载工具之中。

除了当代以及中世纪晚期的欧洲文化之外，没有一个文化会允许个人去发展他们的“敌对面具”。在西方世界，我们的神话系统通常会想去唤醒叶芝的“敌对面具”。这个名称起得很棒，因为就某种特定意义而言，确实就是敌对的意思，与主要面具有强烈的对比。这个“敌对面具”就像荣格无意识模型中的无意识本我一样，代表了圆满实现的潜能。

所有的东方文化都要求个人依据文化强加的生活模式而活。换句话说，他们期望你去认同“主要面具”，认同弗洛伊德所说的超我。它在印度被称之为“法”或责任，在中国则叫作“道”，也就是路径或道路。不论何者，其概念都是认同于文化意象。因此，循着这个论证说到底，这类文化中并不存在西方人所谓的人类；有的只是“过去怎么样，继续重复下去。”也就是说，这个由存在者所构成的社会，如实按照该文化的“存在规范”运作。一代人死去，另一个世代会传承照做同样的事情：一个充分得到实现的静态社会。反之，西方文化的特性则会督促我们去认同“敌对面具”。

我们总是会在周遭听到“改革”这个字眼：改革、改革、改革。改革并不意味着要砸烂些什么；它反而会带来些东西。如果你将所有时间、力气花费在思考你想要攻击的东西，那么你就会受其束缚。你必须找到你身上的热忱，并把它展现出来。那是你与生俱来的—— 一个精彩过生活的生命。马克思教导我们，为我们的弱点责怪社会；弗洛伊德教导我们，为我们的弱点责怪父母；占星术告诉我们，可以责怪这个宇宙。然而，寻找自疚的唯一地方在你的内在：因为你没有胆识带出你的满月，没有勇气过潜能被充分激发的生活。

神话的今昔功能

让我再简要地谈谈“传统神话的功能”这个话题。我想要知道这个传统的神话系统（及其功能）在我们当今的生活中，还残留多少。

神话的第一个功能在于唤醒个人的敬畏感与奥秘感，以及对于存在之终极奥秘的感恩。那些非常古老的传统强调的是肯定这个世界的本貌，那并不容易；看看这个世界，你会看到受造物吞噬彼此、杀戮对方，你会因此意识到生命就是某种自相残杀之物。

你可能会和古人有同样的感受，认为这种人吃人的主张太可怕了，令人难以忍受。“我不要配合，我不玩了。”这种在思想上的改变我称之为“大逆转”（Great Reversal）。历史上，它在公元前 6 世纪左右因佛陀“众生皆苦”的陈述而出现。然而，有苦难就有逃脱。

“我不玩了。”

“好啊。退出去。捡起你的棒球和球棒回家去。”

因此，针对这个令人惊骇的可怕奥秘、这个超越善恶之物，出现了两种主要态度：要不确认，要不否认。

琐罗亚斯德教系统则介绍了第三种方法，就是以善恶二神并立的观念来回应生命中的可怕奥秘。其中一个神祇代表真实与光明，另一个神祇代表黑暗与谎言。善神创造了善的世界，恶神则会腐化这个世界。因此，我们的世界是一个腐败的世界。光明的力量以及黑暗的力量一直在持续竞赛，人类则受邀加入光明大军以对抗黑暗大军，并努力去重新建构善的世界。既不确认也不否认这个如实的生命——有人或许会说是在妥协，这种态度代表了一种进化的观点。

针对这个令人惊骇的可怕奥秘、这个超越善恶之物，出现了两种主要态度：要不确认，要不否认。

就我所知，这些就是“生命如实”的三种观点。你可以抱持全盘肯定的态度来生活。正如一则佛教格言的极佳陈述：“这个世界，如其之可怕、黑暗、残酷，正是那完美的金色莲花的世界。”如果你没有这么看待它，也不是这个世界的错。对于完美的事物，你无法再改善它了。你只能看着它，去认识你自己的完美。也是在说，你在自己身上就能够达到那种比痛苦、悲哀还要深刻的深度。印度有个神祇就叫作“惧怖的狂喜”（bhairavānanda）。[50] 而这就是生命的本相，一个极其恐怖的严峻考验。

否定生命派则要追寻纯真：“我是如此的精神化，我要穿越太阳之门，完全不加入这个月亮周期的黑暗面，而且绝不再回来。”

进化派或改善派则会说：“让我们投入进去，好好改善它吧！”这就像你和一个人结婚的目的，是要让这个人变得更好一样。我不认为这属于肯定生命。它往往会让你变得有点高人一等：“如果上帝提前问过我就好了，我就可以给他一点建议。”

神话的第二个功能在于为我们呈现出宇宙的样貌，其中涵括了大家所理解的奥秘在内，因此，不论你在何处、何时看它，它都是一张在伟大奥秘背后铺展开来的圣图。

艺术家的工作就在于“让这些客体以闪亮发光的方式”显现在你面前。通过艺术家的韵律组构，原本被你冷漠以对、视而不见的客体，将会光芒耀眼，你也会被“钉”在“美学的捕抓”之中，无法动弹。

今日的宇宙观让我们展望出一个庞大惊人的宇宙，这和我们的宗教传统所呈现的幼儿园规模的宇宙观，一点都不相符。以月球漫步为例好了。对我而言，人类踏上月球的第一步是20世纪最重要的神话事件。当着每个人的面，这个单一事件“全盘推翻”了构成我们宇宙观的根本基础，颠覆了存在于这个宇宙之内的我们。在这之前，我们深信这些来自远方的亮光——月亮、水星、火星、金星以及其他星球，代表来自较高等模式存在的光芒，高出我们这个可悲的小地球很多。当伽利略认识到在地球上行得通的弹道学定律也是可以在其他行星运行时，他就已经开启了这次圆满的月球表面漫步之旅。

我还记得在阿波罗10号登陆月球之前的那次月球探险之旅中，自己听过一段既伟大又深具宇宙性的陈述。当航天员绕行月球后，进入返回地球的途中——就在他们读完《创世记》的第一段诗句之后，航天员被问到是谁在驾驶宇宙飞船。他们回答说：“牛顿。”

康德在《形而上学》（*Metaphysics*）一书的引言中，提出下面这个问题：“我们如何能在此空间，确知我们所作的数学运算，在彼空间也同样有效？”[51]我如何能确定我所知道的这个空间的延续、我的脑袋所能够推论的律法，在其他地方也将同样有效？碰到登陆月球这种事的时候，没有人知道那里的尘土会有多厚。我永远忘不了人类第一次踏上月球表面的那一刻；那一刻棒极了——人类站上了月球。没有人可以预先知道那是怎么回事，但是他们确实知道太空舱回程时需要多少燃料、要怎么飞，才能着陆在太平洋一个误差不超过1.6千米的预定地点。

换句话说，与太空、物质、能量相关的定律，人类已经非常熟悉；我们脑袋中满是这些定律。时间、空间、因果的律法就在我们的心中，任何我们看见或知道的地方、事物，都牵涉这些律法。什么是宇宙呢？太空就是宇宙。空间之外是会变成星云的凝结物，在星云之外是无数的星系，而在其中某个星系的星群以太阳这个恒星为中心，而我们的小地球则绕着太阳转。接下来，人类出自地球，我们的双眼、意识状态、双耳以及地球自身的呼吸，也都是出自地球。我们是地球之子，既然地球本身出自太空，就不会有人奇怪太空的律法也在人类内在了吧？这就是内在和外在世界之间的美妙协调。上帝并没有为我们注入生命；我们所知道的诸神是我们自己的绮丽遐想、我们自己的意识状态、我们自己的深层存在的投射。从某种角度来说，诸神与我们是绝配。

上帝并没有为我们注入生命；我们所知道的诸神是我们自己的绮丽遐想、我们自己的意识状态、我们自己的深层存在的投射。

当我用上述这种方式来陈述时，你们就能够理解我们的神话也不过就是表现在另一个宇宙系统中的神话罢了。现在，每当你们抬头看月亮时，请用我的角度来想一想，就会拥有非常不一样的体验。

第三条，也就是神话的社会功能，这个功能会为你提供你所属社会的生活律法。当然，如今没有一个社会能够预知未来 10 年律法的变化。我们过去认为不错的东西，现在会形成不便。譬如说生态危机这类问题。我们每天都带着“生命的律法必须随着生活模式改变”的事实，回到自己家中。所以，我们不会有安全感。我们必须越过它。

神话最后的教育功能，让个人能够将内在心理世界与外在现象世界接轨。正如我曾说过的，我们所继承的传统教育观并不是对所有人都行得通，因此你必须去努力建构你自己的教育观。在此，让我提供一些如荣格所说的让神话意象在你的内在复活的可行方式。

我曾经在西岸有过一次愉快的演讲经历。我讲到但丁对于不同年龄的人类的观点——他也同样想出一套生命大循环的星座架构。

不同于叶芝夫妇的月亮隐喻，但丁将生命比拟为太阳的日常运行。他将人类年龄分为 4 段，并分别命名，每一阶段都相当于每天的一段时间，也都各有其一套合宜的美德标准。首先是婴儿期，它会一直延续到 25 岁，你相信吗？婴儿期的生命品质包括服从、羞耻感、合宜的外表、甜美的举止。这是一天的早晨。

接着来到 25 岁，他称之为成熟期，这个阶段会一直延续到 45 岁。你已经达到生命的高峰，这个阶段的美德就是中世纪骑士的价值：节制、勇气、爱、礼貌、忠诚。当你依据社会对你的要求来过日子的时候，大约到了 35 岁的事业中段时期，你会有资格指导他人而在过去你一直只有受教的份儿；每个人都会经历这一阶段的。这是一天当中的中午。

但丁称 45 岁到 70 岁为智慧的年龄。在印度，智者要被送往森林，但是在我们西方并不是这样。我们期望上年纪的人继续留在社会中，以批判之眼四处窥视，分享他们的经验所带来的好处。这个阶段的生命品质为智慧、公正、慷慨以及幽默或无忧无虑。毕竟，你没什么好损失了；你的人生已经到了日薄西山的时候。

70 岁之后，但丁便称之为衰老，这时的生命品质就在于回过头去、带着感恩之心审视你的整个生命，并向前看、把死亡视为归乡。此时，人生已经走到了夜晚。

这个小小的时间表，这个生命的模式，就是你的神话故事。

当我那次在西雅图的演讲结束后，一位年轻小姐走上前来，非常严肃地对我说："喔，坎贝尔先生，你不了解年轻一辈。我们会从婴儿一下子变为智者。"

我回答说："那很棒啊！可惜你因此错过了生命。"

所以我会强调说，找到你的神话的方式，就在于找到你的热忱，找到你的支撑，并了解你现在到了生命的哪个阶段。年轻人的问题不在年龄的大小。不要试图快点经历你的生命。有些年轻人四处上课、拜师，好像逛街般上了许多灵性课程，想要跳过一些成长的不快、挫折，并在能够体验到变聪明的道理之前，就已经聪明太过了。智慧这件事，必须慢慢来才行。

找到你的神话的方式，就在于找到你的热忱，找到你的支撑，并了解你现在到了生命的哪个阶段。

单是一个人的大脑，就有 180 亿个细胞。没有两个大脑是一样的，没有两只手是一样的，没有两个人是一样的。你可以从别人那里得到教诲和指导，但是你必须自己找出自己的道路，正如亚瑟王众骑士中，前往森林中找寻圣杯的那位一样。

对其他文化造成震撼，让它们觉得西方人如此愚蠢、浪漫的，就是西方精神中的这种品质。我们在追寻的是什么？我们所追寻的，是我们每个人内在潜能的圆满实现。追寻它并不是一段满足自我之旅，而是一段将你给这个世界的礼物，也就是你自己，达成圆满的历险之旅。

你能够做的，再也没有比让自己达成圆满更重要了。你成为一个标志，你变成一个信号，对超越者透明化；这么一来，你将会找到你自己的个人神话，活在这个神话之中，并成为这个个人神话的现身说法。

Pathways to Bliss

Mythology and Personal Transformation

第三部分

英雄的旅程

THE HERO JOURNEY IS ONE OF THE UNIVERSAL PATTERNS THROUGH WHICH THAT RADIANCE SHOWS BRIGHTLY. A GOOD LIFE IS ONE HERO JOURNEY AFTER ANOTHER. OVER AND OVER AGAIN, YOU ARE CALLED TO THE REALM OF ADVENTURE, YOU ARE CALLED TO NEW HORIZONS.

06

自性的英雄之旅

Pathways to Bliss

MYTHOLOGY
AND PERSONAL
TRANSFORMATION

放弃你当前的处境，进入历险的领域，获得某种以象征性方式表达出来的领悟，接着又再度回到正常生活的场域，这就是英雄的旅程的 4 个基本阶段。

我们西方人拥有探寻自己命运的自由和责任。[52, 53]你是能够为自己探寻命运的，但是，你这么做了吗？

当然，偶尔的意外之财、特定的支持以及一些可自由支配的时间，都没什么不好的。但是，让我这么说好了：没什么钱的人，才多半会有冒险犯难的勇气，他们也能够做得到。金钱并不代表一切。金钱在我们的文化中没那么不得了，它真的不重要。

我教过的学生来自社会的各个阶层，最命好的不见得总是最富有的。事实上，他们往往运气最差，因为他们的驱动力不足。我最常碰到的情况是，一名拥有各种可能性和天赋，金钱上也并不匮乏的学生，后来却成为一位泛泛之辈。这种学生不需要非走哪条路不可，也无需下定决心必须做什么。一旦遇到困难或道路开始变得坎坷，他们就会另寻出路，就这么换一次，又换一次。他们就这样到处虚掷生命。而一位没有余裕可虚掷的年轻人，通常能作出充满智慧、富有勇气的决定，并一路贯彻到底。

而一位没有余裕可虚掷的年轻人，通常能作出充满智慧、富有勇气的决定，并一路贯彻到底。

我不是说我们在美国或在西方，在那一点上是完美的。然而肯定的是西方的每个人，只要有勇气，就有机会探寻自己的命运。发掘你的命运的方式也有许多种。

首先是“回顾”的方式。叔本华在一篇很棒的文章《论个人命运的一个明显意图》（*On an Apparent Intention in the Fate of the Individual*）中指出，一旦你到了老年，就像我现在这样，当你回顾自己的一生时，你会发现，充满意外的人生中似乎有个预先构思好的情节，就像小说家的杰作一样。[54] 那些看似完全意外之事或偶然之下所发生的事件，却反而是整部作品的核心。

那么，故事情节是由谁编写的呢？叔本华的想法是，正如我们的梦境一样，我们的生命也是由他所谓的“意志”所指挥的，也就是我们多半不会去察觉到的自性。他说，我们一直是自己生命的逐梦者，就像坐镇在七头蛇之上的印度大神毗湿奴（Viṣṇu）一样。

《指引生命的神话》这本书集结了我 24 年来在库伯联盟学院进行的系列演讲内容。[55] 我对于自己的看法就是，我在那段时间内已经有所成长，我的想法也改变了，我又往前迈进了。但是在整理这些演讲内容时，我才发现它们讲的根本是同样的东西——在长达数十年的光阴中。我确实在那之中找到了让我感动的某个事物。而直到我辨识出贯穿整本书的那些连续性之后，我才清楚明了感动我的是什么。24 年是一段相当长的时间，发生过许多事情，而我却一直在喋喋不休地念叨那一样东西。那就是我的神话啊。

另一个回顾过去的激烈方式，是去翻出一些你很久之前记的日记或笔记的内容看看。你将会惊讶不已。那些你深信自己最近才察觉的事，其实早就在那里了。那些都是主导你生命的主题啊！

那些你深信自己最近才察觉的事，其实早就在那里了。

但是，如果你想从你正在经历的生活中找点你的神话线索呢？另一个试着去看清楚你的命运、你的神话的方式，就是仿照荣格的例子：观察你的梦，观察你有意识的选择，开始记你的梦境日记，并注意哪些意象、故事会一再浮现出来。检视这些故事和象征，看看哪些会和你产生共鸣。

现在，我想来回顾一下我在《千面英雄》中是如何处理英雄之旅这个原型神话的。[56] 这就是乔伊斯所谓的单一神话（monomyth）：一个从集体无意识之中跃出来的原型故事。它的主题不只出现在神话和文学之中，如果你对它的敏锐度够的话，在你自己生命情节的规划当中，也可以见到这个主题。

英雄旅程的基本故事会牵涉 4 个阶段：放弃你当前的处境，进入冒险的领域，获得某种以象征性方式表达出来的领悟，接着又再度回到正常生活的场域。

第一阶段是离开你现在的所在之地，不论那是个什么样的环境。你离去的原因可能来自环境的强压，它让你感到不自在，并渴望离开。也可能是“历险的召唤”，一种会吸引人的诱惑，前来把你拉走。在欧洲神话当中，这种召唤经常由某种动物——牡鹿或公猪来代表，它会和猎人边玩着捉迷藏，边把他引到陌生的森林深处。他无法知道自己身在何处，也不知道如何出来或可以到哪里去。于是，历险就展开了。

另一种显而易见的历险召唤个案，则发生在某个事物或某个人被带走时，你因为要找回它而进入到历险的领土。历险的领土往往由某个未知的原力或力量所统辖。

另一方面，也可能会出现我所谓的“拒绝召唤”的情况，“冒险召集令”可能被听到、感受甚至被注意到，但是为了某些缘故却被忽视、排斥。当事人会想些理由拒绝出发，也可能因为害怕之类的原因，就驻足不前了。回应召唤与否产生的结果当然就有天壤之别了。

我认为所谓“巫师危机”（shaman’s crisis）是真实生活中最活生生而有意思的召唤实例。我在研究读《世界神话历史地图集》（*Historical Atlas of World Mythology*）[57] 这本书的第一卷时，找到了许多这类案例，它们来自世界各地的原始部落。情况通常是这样的，一位年轻人独自走在海边、山上或森林里，他听到某种像是来自仙界的音乐，还有灵视伴随音乐而来，这个经验于是逐次累积成“冒险召集令”。

如今，身为一位巫师可是一点都不好玩，许多年轻人深感无力承受。不幸的是，拒绝召唤的人就不可能拥有生活。他们要么死去，要么虽然想过正常的世俗生活，却成为无足轻重的人，就像艾略特笔下的“行尸走肉”（hollow men）一样。[58]

之前我提过一个案例，主人公是一位到了晚年才进行心理分析治疗的西弗吉尼亚州妇人。她被“白活了大半辈子”的感受所淹没，她觉得自己是一具会呼吸的空壳。通过心理分析，循线追踪到了一段记忆，她想起自己曾在树林中乱逛，并听到了一段奇妙的音乐；不幸的是，她不知道该如何处置这段经验。从那之后，她就过着与这段音乐所带来的召唤完全无关的日子。如果她活在原始社会，她的家人以及部落的巫师就会知道该怎么做。当召唤没有得到回应时，你就会体验到生活的枯竭以及生命的丧失感。

当召唤没有得到答复时，你就会体验到生活的枯竭以及生命的丧失感。

然而，个人如果留意到召唤，他就能够启动并投入一趟历险的旅程。历险一向是有危险的，因为你正离开你熟悉的界域。在神话中，这段情节会以“从已知界域全身而退，进入遥远彼方”来代表。我称此为“跨越阈限”。这是从意识世界一脚踏入无意识世界的跨越，但是无意识世界会以许许多多不同的意象来代表，主题则依据其周遭的文化环境而定。它可能是纵身一跃跳入大海，也可能是进入沙漠的特别通道，可能是迷失在黑森林中，也可能是发现自己身处一座陌生的城市。故事可能被描绘成升天、入地或越过地平面，但一定会是一段冒险——它一直是条经由一个入口或洞穴或裂石而通往未知领域的小径。

有人可能会问：裂开的巨石这个玩意儿到底是什么意思？那是个很奇妙的意象。我们生活在奥秘的这一边，成双对立的领域：真假、明暗、善恶、男女，以及所有这些二元的理性世界观。我们或有可能拥有超越善恶、超越成双对立的直觉——通往奥秘的门扉于焉开启。但那只是这些小小"直觉乍现"的其中一个而已，意识会"回过神来"关上那道门。英雄冒险的关键就是要亲身通过那道门，进入那个二元性规则不再通行的世界。

我们或有可能拥有超越善恶、超越成双对立的直觉——通往奥秘的门扉于焉开启。

Pathways to Bliss

当年我去印度，是想拜访真正的世界级大师。我不想再听幻象（māyā）、出家这类陈腔滥调了。这些我已经听了一二十年。我四处打听，终于听说在特里凡得琅（Trivandrum）这座印度西南部的可爱小城，有一位真正的大师。他叫梅农（Sri Krishna Menon）。[59]

经过不少波折之后，我终于成为这位奇妙的小个子男人的听众。他坐在一张椅子上，我则坐在他对面——这真的是"直接面对面"。当然，他的第一句话是："你有问题吗？"

我后来才知道，我那次的运气很好，因为我问的问题正是这位大师对自己的老师问的第一个问题。我的问题是："既然一切都是梵天

> (brahman)所为，既然一切都是神圣的光辉，我们如何能够对任何事情说‘不’？我们如何能拒绝无知？我们如何能拒绝残酷？我们如何能够说得出‘不’？”
>
> 他这么回答：“对你我而言，我们会说‘是’。”然后他带我进行了一段冥想——感觉不错：两个念头之间，你在哪里？你无时无刻不想到自己，想着你的所作所为。那就是你自己的意象——你的自我。因此，两个念头之间，你在哪里？

那就是上面提到的那个“直觉乍现”的滋味。这个念头，那个念头，心之涟漪——你是否曾经瞥过任何超越你自己之外的事物？那就是你所有能量出处的来源场域。因此，穿越阈限的英雄之旅就是个让你可以超越善恶、超出成双对立之外的旅程。那就是“裂石”这个意象的意义，这一点是不容置疑的。

在神话学中，这个主题的另一个名称为“活动门”(active door)。这个神话装置出现在美洲印第安人的故事中，也在希腊神话故事、爱斯基摩故事，以及世界各地的许多神话故事中出现过。它是个原型意象，负责传达“越过判断”这层意义。

通过阈限的另一个挑战在于“和阴影这个黑暗面的相逢”，光明英雄在阈限后与黑暗王子狭路相逢。这个黑暗面可能以一只龙怪的形貌出现，也可能通过恶意敌人之貌现身。不论是哪一种情况，英雄都必须屠杀对方，活着进入另一个世界才行。

另一方面，这个通道的另一个意象就是解体(dismemberment)，英雄会被剁成碎块。在这种情况下，你会进入有生命危险的领域。代表性的案例就是埃及主神奥西里斯，他被谋杀、解体，然后再被组合。这是此类故事的典型事件；黑脚族部落故事中水牛新娘的父亲的遭遇同属这种类型：他被踩成碎片，然后被救回复生。

在这类故事中，一旦通过试炼，英雄就会死而复生。呈现这个旅程的方式有许多种，体验它的方式也各有所异。有时候会被人格化——直接冲撞魔鬼或神明，就像《西藏度亡经》(*Tibetan Book of the Dead*)里那样。而在神话和梦境之中，渡过黑夜暗海或越过险峻高山则更为常见。

不论是被碎尸、钉上十字架或被鲸鱼吞下肚，英雄都会来到死亡的领域。基督被钉上十字架就是在制造这个通道：十字架是他前往天国和天父团圆这趟英雄冒险之旅的阈限。

如果那真是你的专属历险的话，如果那是合于你的深层精神需求或心理准备的旅程的话，一旦你穿越了阈限，帮手就会主动出现在路上以提供神奇的协助。这个帮手或许是个小小的树精、智者、仙女、动物……它们会以伴侣或顾问之姿出现在你面前，让你知道路上会有哪些危险，以及如何克服这些危险。你会拿到可以保护你的小物件、让你可以冥想的意象、掌中小像 (mudrās)以及可以诵念或沉思的智慧话语(mantras)，好引导你并让你踏上正途。这是一条狭窄的小径、一座锐利的剑桥，如果不小心跌了出去，就会完全无助，因为你会手足无措，也不会有人从旁协助。

在你得到神奇助力之后，你将会面对难度持续增强的一连串威胁性的试炼或考验，你必须过关才行。你越深入其中，抗拒的力量也越大。你正在进入一直受到压抑的无意识区：阴影、阿尼玛或阿尼姆斯以及其他未得到整合的自性；你必须通过的就是那受到抑制的系统。当然，这也是最需要神奇助力的地方。

这些测试象征了你的自我觉知，那是一个进入生命之奥秘的启蒙过程。而我认为这条道路上会有代表所有可能性的 4 种障碍。

这些测试象征了你的自我觉知，那是一个进入生命之奥秘的启蒙过程。

首先是与完美情人的情欲邂逅这个象征；我称之为“与女神相会”。这是如何整合阿尼玛以及阿尼姆斯的挑战。用炼金术的神话字眼来表述，可以称之为神圣的婚姻（hieros gamos）。荣格就写过许多关于这个结合的象征系统。[60] 在人类冒险的神话之中，所谓神圣婚姻就是与世界女神或代表女神力量的某个“二线小神”结合。最具代表性的故事就是王子找到了睡美人，或是《罗摩衍那》中罗摩（Rāma）和悉多（Sītā）成亲的故事。

然而，如果你尚未准备好，女神也可能以一种较不仁慈的形貌出现。完全和自己的阿尼玛失联的阿克泰翁（Actaeon），就因为撞见刚出浴全身赤裸的月神阿耳忒弥斯，而因此丧命。她将他变成一只公鹿，让他因此被自己的猎犬捕杀，成为牺牲品。女神也可能以一个狐狸精的形貌现身，一个误导你远离正途的女妖。

若是女性的话，这种神圣的结合通常就是与神明暗结珠胎。奥维德的《变形记》中便充满神明追求林中女妖的故事；神会变成一头公牛或一阵黄金雨，突然之间，你便得到了一个小小的甜蜜包袱。于是，神明和凡人珠胎暗结的果实，象征了男女对立的调和。这就是童贞女生子这个主题的真义。它代表女性因为神圣的访视，而接收到对于新生命的灵感。

在这类神话的故事情节中，下个阶段的历险很自然地就是怀胎生子，养育孩子更是屡见不鲜，正如约基别（Jochebed）弃养摩西的故事一样。然而，我们要记住，此处所说的孩子并不是指活生生的小孩，而是指精神上的生命。

因此，第一阶段循线发展下去的结果自然就是神圣的婚姻。童话故事最后总是这么收场：新人深情拥吻，从此过着幸福快乐的生活。好吧，身为一位过了近半个世纪幸福婚姻生活的人，我可是很有资格这么说："从此过着幸福快乐的生活"只是个开端。正如生命一样，大多数神话是从那里展开的。

试炼这条路上的第二类成就，就是所谓的"向父亲的赎罪"，这个试炼肯定是一个男性的通关仪式。儿子自出生以来就和父亲分离，他一直过着不符合其身分地位的生活。或许他一直被当成女儿来养，就像阿喀琉斯（Achilles）；或许他被送往乡下，如帕西法尔（Parsifal）；或许他被当成是王子之尊，但却身处错误的民族之中，如摩西的命运。他一路跌跌撞撞终于找到了父亲，而父亲身处母亲之外的混沌之中——他必须先通过母亲的世界，才能到达父亲所在之处。

在"向父亲赎罪"这类故事中，女性要么是引路人，要么是阻挡在路上的狐狸精。在印度的思想中，摩耶这个形成我们这个现象宇宙的女性原则既是一种揭露性力量，也是一种阴暗晦涩的力量。在她的幽暗伪装之下，她化身成了女巫，而在她现出本尊原形时，她又化身为穿着光芒外衣为人引路的湖夫人（Lady of the Lake）。

"向父亲赎罪"更是基督教象征系统中的主要意象；基督直接被钉上十字架，好走向天父。圣母玛利亚也常常在"十字架上的牺牲"这个意象中，出现在十字架下方。在许多文化中，十字架既是大地的符号，也是代表阴性原则的符号。玛利亚就是那十字架，她曾经是基督从永恒来到时间场域的途径，现在她又成为基督回到永恒的途径。诞生到这个世界，就形同在精神上被钉上十字架，而身体若是被钉上十字架，灵魂则能够得到释放，再度回到永恒之中。

在乔治·卢卡斯（George Lucas）的电影《星球大战 6：绝地归来》（*Return of the Jedi*）之中，卢克·天行者（Luke Skywalker）冒着生命的危险去赎回父亲维达（Darth Vader）的生命——这是在大规格地放映"向父亲赎罪"这个主题：儿子救了父亲，父亲救了儿子。

通向圆满成就这条道路上的第三站就是“神化”（apotheosis），你意识到你就是自己在寻觅的目标。终极案例就是终于成佛的悉达多王子意识到“我就是佛”之际。

这些就是三个主要的觉知象征：阿尼玛和阿尼姆斯调和一致、向父亲赎罪、神化；通过它们你就能体认到全方位的自己，就像悉达多王子往菩提树下一坐，随即知晓自己就是那宇宙共通之佛性的肉身一样。

第四种觉知则属于相当不同的精神层面。与其选择一段历经各种奥秘的缓慢过程，不如用暴力突破所有障碍，一把抓住心中欲想的恩赐：偷火贼普罗米修斯是也。这个主题的变形就是“抢婚”——失去爱人的英雄，从掳走新娘的吃人魔那里把新娘偷回来。罗摩的太太悉多被魔王罗波那（Rāvana）掳走。《罗摩衍那》的大部分情节都是罗摩如何抢回悉多——那就是印度版的寻妻记。

无论如何，一旦宝藏是夺来的，要和底层力量“合体”就无望了。——没有神圣婚礼、向父亲赎罪，也不可能“神化”了。因此，整个无意识系统会出现激烈反应，以对抗英雄的行动，英雄必须逃走。

无论如何，一旦宝藏是夺来的，要和底层力量“合体”就无望了。

这是种精神病的状态。你从你所不知的自性最深层混沌之中，汲取某些知识来；现在魔鬼已被释出，它们要展开报复了。

现在来到所谓的“魔幻脱逃”这个神奇主题，这在童话故事和美国印第安故事中相当受欢迎。脱逃的英雄人物不断往自己的身后丢出各种物品：梳子转眼间变成森林、碎石变成高山、镜子变成湖泊，等等。英雄身后有一只怪兽在疯狂追赶——通常是吃人女妖，这是因为无意识常常以母性力量的暴力、消极面向这个伪装出现。

接下来就是再度穿越阈限、踏上归途了。你在跨入混沌时所穿越的线，就是你将力量留在身后再度跨越的线。但是，你真的能回到光明的国度吗？你回去后是会自动获得赦免，还是仍旧是底层那些力量的猎物？

此外，下降和归返这两个危机会是相称的。如果下降时是像约拿（Jonah）一样被鲸鱼吞下肚——也就是为混沌所吞噬，故事结尾时，你也将被鲸鱼从口中吐出。如果你是穿越水域展开冒险的话——像落入井中的约瑟或是困在暗酒色大海的奥德赛，你也会从海上归返：摩西带领旧约圣经的平民英雄“走”过红海，奥德赛则是被冲上伊萨卡（Ithaca）的海岸。如果你是通过撞击撞岩（Symplegades）而踏上冒险之途的话，你也将通过类似途径回去。

整个概念就在于你必须再度带出你出发前去“平反”之物，也就是你内在未能觉知的、未能全方位开发的潜能。这个旅程的整个重点就是要重新将这个潜能介绍给这个世界；也就是说，介绍给活在这个世界的你。你要将这层宝贵的理解带回去，并将之整合到理性的生活之中。不用说，这一点困难重重。“带回恩赐”甚至比一开始潜入内在深层困难得多。

这个旅程的整个重点就是要重新将这个潜能介绍给这个世界；也就是说，介绍给活在这个世界的你。

譬如说，有位年轻人来到纽约学习艺术。他从威斯康星州来到地下世界格林威治村（Greenwich Village），在那里碰到诱惑、启发他的精灵，在那里拜师学艺……事情就这样顺利进展；最后，通过那些人的协助，再加上自己的天赋和努力，他达成了自己专属的艺术风格。

头一个危机在于他不能复制大师的风格，而要找出自己的艺术风格。对所有艺术工作室而言那都是一个重要的时刻。我就曾见识过很可笑的事。有时候大师不希望学生有自己的风格，导致学生在自己的风格开始“接手”时，会对这位大师级人物产生很强烈的恨意。

最后，在达成他的个人风格之后，他兴冲冲地来到57街兜售画作，却屡遭画商白眼。重点在于，你必须带回这个世界所缺乏的——那就是你去冒险犯难的主因。然而，白日世界甚至不知道自己需要你带来的这个礼物。因此，在你带着为这个世界准备的恩赐，来到归返阈限时，就会碰到三种可能的反应。

第一种是根本没有任何欢迎酒会。没有人在乎你带来的这个伟大宝藏。你该怎么办呢？一个答案是对自己说：“管他们去死。我要回威斯康星州的老家。”于是你就自己隐居起来，画一些死后才会得到认可的伟大作品。你回到新整合的全新自我，而放手让这个世界自生自灭。

第二种反应是你对自己进行提问：“他们想要什么？”现在你有了技艺，你能够提供这些人想要的。这就是所谓的商业艺术。你不断自我催眠说：“当我赚够了钱，我就不再画这些，我就可以进行我的伟大创作。”当然，这永远不会发生，因为你已经为自己创造了一个全新市场定位，已不允许你去表现过去的风格。但是你将有钱有名，至少你不是什么都没有。

第三种可能性是在试图找出你带回来的宝藏中，有哪些是可以让你发挥自己原始初衷的。这就是一种协助这些“俗人”觉察内在需求的教化态度——也是你需要的、必须去给的。以上这些是仅有的可能性。

所以很明显，第一种是拒绝归返。其次是为社会而归返，你并没有为社会带来什么好东西：他们只是得到了他们想要的。最后一种是以一种教化的态度，试图找到某个手段、词汇或其他什么，让你得以给传递社会你所找到的生命恩赐，并且以合于社会能力范围的比例或切入点来让他们接受。要这么做随时都可以，只是这需要许多的同理心和耐心。

如果什么结果都没有，你至少可以找个教职。

但是你将发现，如果你可以和社会稍微“挂钩”的话，你有能力传递你的信息。这点我很清楚。

如果你可以和社会稍微“挂钩”的话，你有能力传递你的信息。

一位艺术家，在找到自己的风格、自己的声音之后，就回到社会，找个教职，教授艺术。或许这么做无法交出他的所有，但他确实在按照自己所想以及社会所需，来交出他所拥有的某些宝物。他在挣来足够的收入以维持生活的同时，没有放弃创作，并逐步建立起自己的市场价值。

我也曾经在经济大萧条最严重的时期，“躲”到树林里去。那时，什么事都没得做，只能天天读书，我就这样读了 5 年书，一份工作都没有。要知道，在我年轻的时候，在大萧条时期，那些被认为是反传统文化的人，是被完全踢出这个社会的。社会没有空间可以让这些人立足。这和出于怨怼出走，或带着改变意图而离开，是有所差异的。

我当时在做什么呢？我就是阅读。我一本一本地读，从一位思想家的作品，读到下一位思想家。我遵循自己内心真实的喜悦，尽管我当时并不知道自己是在这么做。

然后我找到工作了！在此之前我一直读着斯宾格勒、荣格、叔本华、乔伊斯等人的作品，并沉浸于其思想之中，最后，终于有个小信息来到了：你想到莎拉·劳伦斯学院教文学吗？当我看到那些女学生时，我立刻决定要接受这份工作。那时的年薪是 2 200 美元。

我很乐意回到俗世去分享我在林中的学习心得。我一直追寻着一颗明星，我现在所分享的一切，真的都是在这 5 年之中所找到的。

就在我开始教书的时候，有一本令人惊艳的作品问世了——《芬尼根的守灵夜》。没有人看得懂——除了我和几个疯狂的爱尔兰人之外。乔伊斯在这本书中所写的一切，都直接出自我这5年在旷野所浸淫的内容。我找到那些疯狂的爱尔兰人之一，我的同事鲁宾逊（Henry Morton Robinson），告诉他说："总得有人将这本书解读给大家知道。不是你就是我了。"于是我写了我的处女作《解读〈芬尼根的守灵夜〉》（*A Skeleton Key to Finnegans Wake*）。[61]

但当时的我们努力了5年之久，仍然没有人要出版这本书。正当我们想说。那好吧，我们就自己来出版——那是要下重本的。我去看了当时一出百老汇热门舞台剧：怀尔德（Thornton Wilder）的《九死一生》（*The Skin of Our Teeth*）。看戏的时候，我听到的全是《芬尼根的守灵夜》中的对白，而我是全场唯一知道这个真相的人。爆笑的是，我还一边看戏一边快速记下那些句子。这可真是个回归俗世的好办法。

我打电话给鲁宾逊，我说："老天，怀尔德因此名利双收，而那不过就是个山寨版的《芬尼根的守灵夜》。"

那时乔伊斯才刚过世，他的家人很穷困。因此我说："我想我们该给《纽约时报》写封信。"我去找他，并告诉他那出戏是如何抄袭《芬尼根的守灵夜》的，当时《九死一生》的剧本尚未出版。

于是他就打电话给《星期六评论》（*Saturday Review*）的卡曾斯（Norman Cousins）说："《九死一生》抄袭《芬尼根的守灵夜》，你有兴趣知道细节吗？"

卡曾斯说："让我今晚看到文章。"

我们就将这篇短文赶给了卡曾斯。他读过后说的第一句话是"标题就叫作《谁的九死一生？》(*The Skin of Whose Teeth?*) 如何？”他刊出了这篇文章，结果轰动了全美。[62]

一下子，全美专栏作家就像鱼雷那样，对我们进行疲劳轰炸。我们“参战”了，知道吗？怀尔德已经从上尉一路升到少校，简直成了战斗英雄。那两个爱尔兰佬是谁？乔伊斯和他的《尤利西斯》、《芬尼根的守灵夜》又是什么——那可不是我们要捍卫的文明。它确实不是。但没有人能读懂《芬尼根的守灵夜》，所以他们也无从查证。

这些人就跑去找怀尔德求证，那狡猾的家伙却说：“先去看我的戏，再读读《芬尼根的守灵夜》，然后自己判断。”当然，那些人根本读不懂。

这个大伪善家说自己是美国的大艺术家，这个剧本是原汁原味的美国本土精神产物。他又说整个内容是他去看一出无聊的音乐剧《欢乐哈拉》(*Hellzapoppin*) 的时候，突然灵光一现产生出来的；他的剧本可真是得来全不费功夫，就像雅典娜从宙斯的眉毛诞生出来一样。

这全是在胡扯。但是我告诉鲁宾逊：“别急，我们得先缓缓。这次先放过他。”

很快，《九死一生》这个剧本出书了。那本书还得到普利策戏剧奖，随后又获得托尼戏剧奖提名。出书后我仔细用一把5个齿的梳子把它从头到尾梳理过一次，发现将近250处疑似抄袭的地方——角色、主题等等，最后还有一句长达四行、一字不漏的抄袭。

我们继续写了一篇《谁的九死一生？（第2部）》攻击它，一字一句比对。因此，他并没有得到评论家大赏。

因为《谁的九死一生？》这一役打得漂亮，卡曾斯就问我们：“你们还有什么精彩的东西？”我们就想，不妨给他《解读〈芬尼根的守灵夜〉》的第一章试试看。他又将书转给曾经将我们拒之门外的布雷斯（Harcourt Brace）。这次，他们将第一章寄给了艾略特（T. S. Eliot）

审稿，艾略特回信说："买下来。"

我们就这样出版了这本书。这也算是一种归返俗世的方式。苦劳少不了，但是运气也不可缺。

还有另一种可能性。大萧条期间我在伍德斯托克住了很长时间，认识了一位也住在那里的艺术家。他有不错的名气，有画廊支持，创作风格相当合市场口味。有一年，他突然来了个大转变。他经历了一次心理"崩盘"，并发展出一种更具才华、更大胆的画法。他将新作品带到画廊，对方却说："我们不想要。你原来的画风比较受市场欢迎。"

这真是让人傻眼。不过，成功确实可能反而变成某种陷阱。这点在美国尤其屡试不爽——我不认为其他地方也会这样。20 世纪的许多声誉卓著的小说家，就展现出一个典型的模式，刘易斯（Sinclair Lewis）、德莱塞（Theodore Dreiser）、海明威、菲茨杰拉德等，都是如此。他们的早期作品都是展现才华之作，接着，他们会写出一部在写作技巧上更臻成熟的作品，然后再写出一本突然捕捉到大众焦点之作。接下来，他们就会想循着这个风格，再写出赚大钱的作品，却因此开始走下坡……刘易斯是这个模式的最佳案例。他早期的一部部作品确实都是亮眼杰作，一部好过一部，但是在《阿罗史密斯》（*Arrowsmith*）之后，他就彻底江郎才尽了。海明威也是如此。他的早期作品真是部部令人惊艳。但是创作《永别了，武器》之后，就……

这一点也适用于画家。我的意思是，谁会去不断重复自己之前的画风，像机器一样复制类似的画？一幅画要传递的信息不在于画些什么，而在于形式的突破。如果拘泥于一种单一的形式，你就变得呆滞了；生命也不复存在。

说到这里，该来讲故事了，我要讲两个遵循英雄之旅这个模式的小故事。你们可以试着把它们当作冥想的意象。

首先是《格林童话》中的第一则故事《青蛙王子》。故事从有只小金球的小公主身上展开。

Pathways to Bliss

黄金不会腐化，球面呈现完美的外形。这就是她——金球就是代表她的灵魂的那个圆。她很喜欢出宫到森林边缘去玩耍。故事发生在德国。我曾说过，森林代表了混沌。她坐在森林边缘玩耍，正前方有片小池塘，还有个小喷泉，那是通往地下世界的入口。她喜欢坐在池塘前耍着代表自己灵魂的小金球。她喜欢把球抛起、接住，反复地抛上去，当球下坠时便灵巧地用手接住。她一直重复着这个动作，仿佛一点都不厌倦似的，直到她失了手，球掉到了池塘里。

小公主的自性，她的潜能，就这样被地下世界吞噬。当这一切发生后，下面的那个力量就会召唤出小龙怪这个“守门员”：一只丑陋的小青蛙。水塘底层的青蛙是童话故事中的龙怪。

小公主的金球掉了，她开始哭了起来，她失去的是自己的灵魂。我的意思是，这真的很令人沮丧，生命中的能量和欢乐都失去了，某种本质性的东西就这么溜走了。这类丧失同样出现在《伊利亚特》(*Iliad*)中，特洛伊的海伦被“窃”走了，整部波澜壮阔的史诗冒险于焉展开，因为希腊的诸王和战士有义务把她找回来。

小金球掉到水里不见了，出现在水面的却是小青蛙这个地下世界的居民，它问道：“怎么了，小女孩？”

她说：“我的金球不见了。”

青蛙从容不迫地说：“我会帮你找回来。”

“那真是太好了。”

它是只讲究公道的青蛙，因此它说：“那你要怎么回报我？”

她在寻找的这类恩赐，是必须放弃些什么才能到手的，其中要有某种交换行为。因此，小公主说："我会给你我的金皇冠。"

它摇了摇它那绿色的头。"我不要你的金皇冠。"

"那我给你一件漂亮的衣服。"

"我不要你的漂亮衣服。"

"好吧，"她焦躁地问，"你要什么？"

"我要和你同桌吃饭，我要成为你的玩伴，我要和你同床共枕。"

她以为这不过是一只普通的青蛙，就放心地说："好的，我同意。"

青蛙潜下水去，找到了金球。这个故事有意思的地方在于，青蛙也是这段冒险中的英雄人物。它为她找回了那个小玩意儿，她却连一声"谢谢"都没有，拿了金球就往家跑。

青蛙猛追在后，狂喊："等等我！"不幸的是，它的动作不够快，而她超前很多，自以为已经把那丑东西抛在身后。

那天晚上的晚餐桌上，小公主和父王、母后一起用餐。在这座宫中，晚餐桌似乎离大门口很近。当他们正享用着美食时，这个湿乎乎的小东西扑通一声跳上了门口的台阶，小公主瞬间脸色惨白。

父王说："亲爱的女儿，怎么了，那是什么？"

她回答说："喔，就是一只我在外头碰到的青蛙。"

他是一位英明的国王，他问道："你做了什么承诺吗？"现在，道德原则出现了，人格面具情结来了——一切都是相关的。

当然，公主不能说谎，她承认自己曾作过承诺。

因此国王说："开门让它进来。"

青蛙就这么跳进宫里。公主很尴尬，只得在桌子底下挪出一点空间给青蛙，但是它不肯迁就。它说："不，我要到桌上；我要用你的小金盘吃东西。"你可以想象，这完全破坏了公主的用餐兴致。

最后，晚膳用完了，公主准备就寝。青蛙又黏了上来，在她身后一步步跳上楼来，敲打着公主的房门，说道："让我进来。"

她只得开门放青蛙进去。

“我要和你一起睡床上。”

弗洛伊德学派的那些人爱死这个故事了。

她再也不能忍受了。这个故事的结尾有多个版本，最有名的是她吻了它，丑陋的青蛙变回英俊的王子。但是我最喜欢的结尾是，公主这时抓起青蛙，将它掷向墙面。青蛙的外表裂了开来，从里面站出来的是位长相俊秀的英俊王子。

我们这才发现，原来王子也身陷麻烦。他被下了咒语，变成了一只青蛙。这是位拒绝长大的小男孩。她则是位即将脱胎换骨成为女人的小女孩。他们俩原本都拒绝长大，进入成年期，现在借由对方的力量，方才脱离这种“拒绝长大”的神经症状态。当然，他们也立即陷入爱河，互换彼此的阿尼玛和阿尼姆斯。

接下来，故事是这么发展的：第二天，公主将青蛙王子介绍给父王和母后。他们结了婚。接着，有一辆皇家马车来到前门。他果然是位真王子，前来的是他的专属马车，要来接他回到自己的王国，自从王储变成青蛙之后，那里就一直荒废着。这就是在中世纪圣杯传奇故事中的“荒原主题”这个核心意象。国王是国土的心脏，他若不完整，国土也会被弃置在一旁。

于是，新郎、新娘搭上了马车，准备离去。这时，忽然传出“砰”的一声巨响。王子问马夫说：“怎么回事，那是什么？”

马夫回道：“亲爱的王子，自从您离家之后，我的心上头横了4根铁棒，刚刚是其中一根断了。”

当然，随着他们越走越远，其他三根铁棒也一一断裂，马夫的心脏又开始正常跳动了。显然，马夫是国土的象征，国土需要王子的启动和治理的力量。但是年轻的英雄曾玩忽职守，拒绝召唤。他因此不得不违反自己的意愿，前往他乡，但是他总算在另一个世界找到自己的小新娘。因此一切又都没问题了，如果你们能够原谅我用双关语。

我格外喜爱这个故事，因为故事里的男女双方都身陷麻烦，他们都陷在井底，要靠对方来拯救才能脱困。与此同时，上面的世界也正等着王子归来。

另一个与它模式相同的有趣故事来自印第安纳瓦霍人。故事叫作《寻父双人组》（*When the Two Came to Their Father*），那是我参与的第一本书中的主题，该书由人类学家奥克斯（Maud Oakes）撰写，由我编辑并撰写评论。

Pathways to Bliss

这类美国印第安人的故事，通常都会有两位双胞胎英雄，一位主动外向，一位沉默寡言——向外的和向内的。

第一位年轻人叫“敌人克星”（Killer of Enemies）。他外向、积极。第二位年轻人叫“水男孩”（Child of the Water）。他是名智多星。他们的妈妈“变幻女”（Changing Woman），在太阳横跨天空时，怀上了这兄弟俩。

他们的住处附近怪兽横行，双生子的妈妈叮嘱他们：“出去玩时不要离屋子太远。你们向东、西、南三个方向去，都没问题，但不要向北走。”

不出所料，他们偏偏往北走。不打破成规的话，如何改变处境呢？母亲的禁令正是那冒险的召唤。

他们想去找父亲，想拿到武器好帮助妈妈并对抗怪兽。“彩虹男”（Rainbow Man）将他们带到已知世界的边缘，来到入口。而在4个方向的每个路口，都有一名守门人挡在入口：他们是“蓝沙男孩”（Blue Sands Boy）、“红沙男孩”（Red Sands Boy）、“黑沙男孩”（Black

Sands Boy）和“白沙男孩”（White Sands Boy）。双生子逢迎拍马，哄骗诱惑，使尽手段，并告诉这些食人魔自己是要去从父亲“太阳”那里取得武器，守门人终于放行。

他们来到了已知世界的领土之外。他们来到了一个类似沙漠的地方，那里的景观没有任何特色。在那里他们遇见一位小个子的老妇，她的名字叫“老年”（Old Age）。她说：“你们在这干什么，孩子们？”

他们告诉“老年”自己要去找父亲，也就是“太阳”本尊。她说：“那路途非常遥远。在你们到达那里之前，你们会变老，死去。给你们一些建议：“不要走我走过的小径上，朝右边走。”

好了，他们开始出发，然而他们忘了“老年”的叮嘱，竟然走上她走过的小径。他们很快变得又累又老，甚至要拄拐杖。后来，他们完全走不动了。

“老年”突然现身，大笑说：“哈哈哈！我怎么告诉你们的？”

“你就不能帮我们一把吗？”

于是，她先在自己的腋窝和耻骨下摩擦双手，然后再用双手摩擦双生子的身体。他们又充满了活力。“老年”说：“现在你们去吧，这一次记得不要再走我走过的小径了。”

他们在路边徘徊，这时看到地面有一小撮烟冒出来，那是“蜘蛛女”点的火。她是另一位魔幻帮手，是大地之母的化身。

她邀请双生子到她在地下的小洞稍事休息，并提供他们食物好恢复力气。她告诉他们路上会有些什么危险；她给了他们一个神奇小物，那是一支羽毛，并送他们上路。

接着，他们遇上了挡住他们去路的三项试炼：会刺穿人的仙人掌、会撞在一起的大石、会砍人的芦苇。“蜘蛛女”送给他们的羽毛可以保护他们抵抗万恶，他们把它握在手中，他们平安通过了试炼。

他们终于抵达环绕这个世界的大海洋——瞧，未知世界是有各种不同层次的。现在他们面临如何横越海洋的问题，他们坐上羽毛，安全渡海。海上有个地方，海洋和天空会在那里会合，蓝天叠着蓝海，太阳之屋就坐落在天海交会的东边。现在，双生子来到真正的试炼和历险之地——到目前为止，他们碰到的都只是些预热的小测试而已。

太阳之屋旁边站着太阳的女儿——太阳本尊已出门进行例行勤务了。女儿问双生子说："你们俩是谁？"

他们回答说："我们是太阳的儿子。"

她很惊讶地说："喔？父亲回来后，他会非常生气。我想我最好把你们藏起来。"她将双生子用四色云包裹起来，并将他们分别藏在两扇门之后。

那天傍晚，太阳本尊回到了家，从坐骑上跨下来。他的盾牌是太阳碟。他将盾牌挂在墙上，盾牌不断发出铿锵之声。接着，他转头问女儿说："今天我看到两个年轻人来到这里，他们是谁？"

她说："你答应过我，你四处游荡时会注意自己的行为的。那两个男孩声称自己是你的儿子。"

"好吧，"他说，"让我们看看是不是。"

太阳找到他们的藏身处，放他们出来，然后就出现下面这段在许多故事中出现过的例行情节：父亲开始测试儿子——在这个故事中，是两个儿子。他对他们施以各式各样的酷刑。他抓起他们投向安在4个不同方向的大木钉。双生子紧紧握住"蜘蛛女"给的羽毛，因此保住了小命。他又让他们吸食毒雪茄。他们还是紧紧握住羽毛。他将他们关进一间密室，想把他们蒸死，他们仍旧紧紧握住羽毛。最后他说："你们确实是我的儿子，出来到隔壁房间吧。"

他在那里展开两件水牛皮做的披肩，并让双生子分别站在上头。雷声大作，双生子现在力大无穷，也拥了有自己的名号。他分别告诉他们各自的名号。他们有了合宜的身高，也拿到了所需的武器。

这就是“向父亲赎罪”，以及恩赐的取得。现在他们要回家去了。太阳本尊亲自把他们带到天空的洞口，当他们到达那里时，他做了最终测试：你们的名号是什么？北方大山的名号是什么？东方大山和中央大山的名号又各是什么？

他们正确回答了所有问题，因为有两个小精灵在他们耳边轻声提供答案。小精灵一个叫“黑苍蝇”（Black Fly），另一个叫“微风”（Little Wind）。我听说若独自走在沙漠中，会有一只大苍蝇飞过来停在肩上——或许你们也曾见过。这苍蝇被印第安人视为“圣灵”（Holy Ghost）。这是来自灵魂的造访，它们会轻声细语说出所有答案。

双生子顺利通过考试，接着来到中央大山——世界的轴心，这相当于新墨西哥州纳瓦霍部落的泰勒山（Mount Taylor）。山脚下有一个大湖，湖里住着原型怪兽——单是杀掉有具体形貌的怪兽是没有用的，你必须先杀死这个原型。它的名字叫“孤独巨兽”（Big Lonesome Monster）。耐人寻味的是，他也是太阳的儿子。

这种怪兽的特点在于它们会将影子误当作实体。“孤独巨兽”看到双生子在湖面的倒影，就以为湖面倒影是它的敌人。因此它决定喝掉湖水，直接生吞双生子。它就牛饮起那湖水，并努力消化，接着又再度吐出湖水。但是双生子还在那儿；他们在湖的对岸，湖面上再次映出倒影。怪兽就这么重复了4回，最后，终于筋疲力尽。

双生子这时趁机挺进，想杀死怪兽，在太阳本尊的协助下，他们最终毁掉了“孤独巨兽”——瞧，父亲一直最疼爱双生子。

杀了怪兽之后，男孩们终于踏上返家的归途，他们沿跨越阈限之路行进。

这里出现一个非常有趣的现象，一个你可以在许多神话中发现的小小主题：恩赐不见了。双生子必须再度通过进入阈限才能够回到家。在这之前，他们一直处身于纯粹太阳力量的场域。现在，他们必须回到属于女性力量的领土，太阳的凶猛能量在那里才能被软化，并调和到生命之中。

不知大家是否注意到，每次宙斯去私会那些凡人美女时，都要刻意伪装自己。为什么要这么做呢？因为神明的万丈光芒凡人是承受不起的，她们也会因此丧命。可以这么说，这时水来与太阳之火必须正面交锋。

这是个必须有英雄运行的世界；在完成他们的神话行为之后，他们现在要去进行务实的行为了。然而，在双生子再度跨越阈限回去时，他们失足跌了一跤，父亲给他们的武器断裂成了碎片——他们两人的武器都没了。

接着登场的是一位名叫“说话神”（Talking God）的神祇；他是母系神祇的男性祖先，因此他代表二者的合体。他的鼻子是玉米秆做的，双眼的上眼皮代表男性的雨，下眼皮则代表女性的雾。他是一个雌雄同体的人物。他给了双生子新的武器和建议。他们于是前去对付在他们家附近捣乱的怪兽，并杀了它们。当双生子和四只大怪兽斗完之后，他们也虚弱得奄奄一息。

接着，众神祇从天上下来，对他们进行一场仪式并治愈了他们。那是什么样的仪式呢？那就是我从刚才说到现在的故事，他们的生命故事。那是精神科医师在治疗病人，了解他为什么和自己的无意识失联时所做的事。众神祇引领双生子经历这个小小的心理剧，双胞胎英雄终于再次和其生命之路的动力接轨了。

这个仪式在第二次世界大战刚刚拉开序幕的时候，由纳瓦霍国（Navaho country）一位名叫杰夫酋长（Jeff King）的老巫师，为奥克斯进行过。那时，美国政府正在劝诱纳瓦霍男性去从军，因为纳瓦霍语可成为敌军无法破解的秘码——德军和日军都没有懂纳瓦霍语的人。当纳瓦霍男孩拿到征召令之后，杰夫酋长就会为他进行这个仪式，以将他转换成一位战士。这个仪式要进行三天三夜之久，在那段时间内，整个故事都会以歌曲和画画的形式来完整重现——以整整多达 18 张、棒得不得了的沙画来重现整个故事。其信念在于将这些牧羊之子转变成战士，因为当兵打仗和闲居村落的心态完全不同。

现在，这种通过仪式让一个人变得和过去大不相同的事情，我们是不会进行的，这因此会有一大堆因为“心灵没怎么准备好”而产生的精神崩溃。而这就是这个神话要解决的问题——它是个战士的神话。

老杰夫酋长后来被厚葬在阿灵顿国家公墓（Arlington Cemetery）。他也曾经协助美国军队和印第安阿帕奇人交战。他为这些卷入第二次世界大战的男孩搬出压箱宝，进行古老的战争仪式。所以，他是在从实用的角度为他们进行这个仪式。

那么，那些被找去打仗的纳瓦霍男孩的历险又是怎样的呢？他们从族群生活进入了战士的生活。他们必得经历某种转化——那就是入阈限，就是他们被征召令硬拖过去的入阈限。

《奥德赛》的故事正好相反，它讲述了一位战士的“事后汇报”。他必须设法回家，将他手下的战士留在身后，并回到女性巧手布置的温情世界。

如今，在人们成长的路上，并没有神话可以协助渡过这些转换点。我们可以求助于古老神话的断简残篇，也可以转向艺术。

最近，乔治·卢卡斯邀请我和我的太太琼去他在马林郡（Marin County）的家中看了《星球大战》这部电影。因为他说这部电影就是依据我书中的英雄旅程这个概念拍成的。我有 30 年不曾看电影了，这次体验真令我惊叹！

这是一场超现实的体验。第一天早晨，我们观赏了《星球大战》。当天下午继续看了《帝国反击战》(*The Empire Strikes Back*)，晚上又接着看了《绝地归来》。这里头都是我熟悉的神话主题，这点毫无疑问。我立即成为乔治·卢卡斯的粉丝，对这位年轻人佩服至极。他拥有艺术家的想象力，对他的观众也很有责任感，知道自己的电影一定要传递有价值的内容。面对无尽银河的想象，他拥有的是早期诗人也曾体验过的某种开放场域。譬如说，当阿尔戈号(Greek Argonauts)的船员来到黑海这个当时人迹罕至的地方时，他们可能碰到各种稀奇的怪兽和民族——亚马逊女人国，等等。那是一张可供想象力驰骋的全新空白页。

当我看这几部电影时，我意识到他是在有系统地运用他从我的书中学习到的原型——他是这么说的。譬如说，在《帝国反击战》中，卢克·天行者直接冲撞他认定的维达，也就是“阴影父亲”这个人物。他杀死这个人物后，才看到这个机器人的脸，才知道这个人物其实是他自己。

正如我说过的,《绝地归来》的结尾很细致地处理了“向父亲赎罪”这个主题；这也是这个电影系列的大方向。这个系列其实是个三幕剧的结构：冒险的召唤、试炼之路、最终的试炼，此外还有与父亲和解以及跨越阈限的归返。

我很高兴自己的这本小书发挥了我希望它能带来的影响，即启发了其作品确实能够影响这个世界的艺术家。《千面英雄》被两家出版社拒绝过，第二家还问我:“谁会读这种书呢？”现在答案终于揭晓了。

艺术家是神奇的帮手。他们会唤起象征和主题，让我们得以和自己的深层本我接轨，他们在我们生活的英雄之旅上能够“一路挺到底”。

艺术家是神奇的帮手。他们会唤起象征和主题，让我们得以和自己的深层本我接轨。

文学评论家和研究生经常玩的游戏就是去讨论某位作者的特殊影响力——他们就是这样从作者那里获得写作点子和风格的。当创意的运作正起作用时，一位作者就好像置身于“毕生回顾展”一样——童年的意外，听过的歌曲，读过的小说、诗词、小册子……他的创造性想象将这些经验通通拉出来，并将它们放入某种形体之中。

所有你从小就熟悉、就能够与之产生共鸣的神话，就是你能够“就近取材”建构出生命形貌的质素。这些东西值得细想的地方，在于它们在你的生命脉络中，是如何彼此发生关联的，而不是它们和那些与你不相关的外在事物的关联（不在于它们和北美大草原或数百年前亚洲热带雨林的关联，而在于它们当下的意义），在它们的前身意义之外，你要去放大你自己对它们在你生命中所扮演角色的理解。

在昆达里尼大蛇延着脊椎往上爬升的这段过程（注意，这是另一类英雄之旅），最后要克服的障碍会在从第六个脉轮转移到第七个脉轮之际，这时会有个阻碍出现在自性与其所爱之间，也就是宇宙之王（Lord of the Universe）这个既是世界本身又超越了这个世界的神祇。但这条界线是什么呢？在此之下所有事物都成双对立，在这条线之上既没有存在也不见非存在。这条线就是我们都很熟悉的摩耶。

在此之下所有事物都成双对立，在这条线之上既没有存在也不见非存在。这条线就是我们都很熟悉的摩耶。

摩耶这个字来自 mā 这个字根，意思是“建立或测量”。摩耶有三种力量。第一种力量称为暧昧的力量，它会让我们对纯粹之光的理解模糊不清。第二种力量称为投射的力量。它会将纯粹之光转换成现象世界的形貌，就好像一面棱镜会将普通的光线折射成彩虹般的七彩颜色。这就是将超越界转变成我们的所知以及一切万物所属的时空世界。

如果你将各种颜料排放在一只碟子上，并旋转这只碟子的话，颜料将最终呈现出白色。这个世界的颜色是能够被扭曲、改变的；它们可以以一种非常艺术性的方式被加以安排，而让你得以通过它们经验到真实的光亮。这就是摩耶的揭示力量——艺术的功能就是在为这个目的服务。艺术家要能将这个世界的客体以一种特殊的方式摆放在一起，好让你能够通过它们体验到那光亮，那等同于我们意识状态的光辉，而所有隐藏起来的事物，也能够在我们以适当的角度看到时，显露出来。

英雄之旅是宇宙共通模式之一，通过这个模式那光辉得以明亮再现。我认为优质的生命就是由一个接着一个的英雄旅程所组成。一而再再而三，你会听到召唤，要你前往冒险的领域，要你进入新的界域。每一次你也都会面临同一个问题：我胆识够大吗？而如果你够大胆的话，那里是会有危险，但也同样会有助力以及大满足或大失败。惨败的可能性会一直都在。

但同时你的内心也会有获得真实喜悦的可能性。

Pathways to Bliss

Mythology and Personal Transformation

第四部分

对话

THERE IS NO EXPERIENCE OF LIFE THAT DOESN'T HAVE DUALISM AND YET DOESN'T HAVE THE EXPERIENCE OF ONENESS BEHIND THE DUALISM AS WELL. THE PRIMARY MYTHOLOGICAL MOTIF IS THAT OF HELPING YOU TO EXPERIENCE WHAT JUNG CALLS THE CONIUNCTIO OPPOSITORUM, THE CONJOINING OF OPPOSITES.

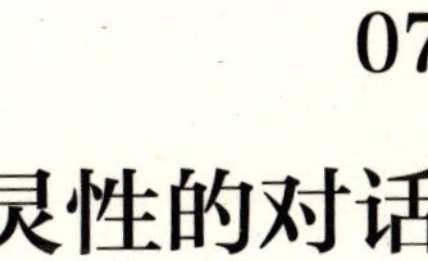

07

灵性的对话

Pathways to Bliss

MYTHOLOGY
AND PERSONAL
TRANSFORMATION

我教她们神话的用意，就在于提供“以灵性的方式，从生命旅程后半段的角度来解读这个世界”，那就是英雄的旅程。

男性听众[63]：你之前提过金字塔和大教堂。你怎么看人类当代的这些纪念碑和成就？

坎贝尔：我认为人类的最伟大的成就之一就是登陆月球。当然，会有这个成就不是因为人们的动机在于登陆月球有何经济价值。其实，如果你循线追踪下去，每一次经济获胜都伴随着梦想的失败，很多乐趣都丧失了。

我认为这个世界在靠着疯狂的事物来维持。经济效益日后自然会出现——这一点不需要怀疑。因为太空计划，如今厨房里已出现各种新产品——烹调方便又易清洗的各种新器材等这类新玩意儿。但是梦想的眼界才是真正重要的。

男性听众：你对阿肯色州那座巨型基督雕像（Christ of the Ozarks）怎么看？（笑声）那山丘上架了一座会弹奏音乐的巨大十字架，整个山丘也点满了照明灯。[64]

坎贝尔：有人想告诉全世界他很兴奋。（笑声）那没什么问题。那就是艺术家的工作。只是他找上的，刚好是一个经典的原型意象。但是，这个巨型雕像的意义何在呢？当保罗说："我活着，但那不是我，而是基督活在我的心里。”这是一种方式。另一种方式则是像这样把基督高放在一座山上。生活中的一个大问题是：当你心中的基督现身时，你怎么处置它？你是将这意象珍藏起来，让它成为你生活的动力，还是把它高放在山上，让所有人为它吵个不休？这是个很难的问题。

女性听众： 坎贝尔先生，你的职业是什么？你又怎么看待上帝这个意象？

坎贝尔： 要回答这个问题，真是太有意思了。“坎贝尔先生，你的职业是什么？”

“喔，我的工作就是读神话、写神话。”

“ 喔，这很有意思。我读过布尔芬奇（Thomas Bulfinch）版的神话，真的好有趣。”

我会说：“好吧，我受神话吸引的程度，比那要深一些。你相信上帝吗？”

“是的。”

“太好了。上帝是男是女？”

阿伦·瓦兹（Alan Watts）曾谈到阿波罗号宇宙飞船从太空出任务回来的故事；当场有位自以为聪明的记者问航天员说，既然他刚从天堂回来，他见到上帝了吗？“有的，”航天员回答道，“上帝是位黑人女性。”[65]

因此我问那个和我对话的人：“这件事你怎么看？上帝是位男性？那好。他是住在上面？还是在下面？他身边有任何人吗？他独自在那上头吗？他是个理性的力量吗？还是一种道德力量呢？是肯定？是否定？是进步？是意识？是无意识？是人格化的神？

是非人格化的神？他在你的心里，主要是以女性化外形还是男性化外形出现？”

当然，在印度的萨克蒂（Śakti）崇拜中，女神是最大的。在犹太教的男性崇拜中，耶和华是最大的。你可以问问你自己这些问题。看看你自己的上帝意象是怎样的。

至于我对上帝意象的看法，好吧，阿伦·瓦兹曾问过我是遵循哪一种精神修行。我告诉他：“我在书上的重要句子下面画线。”

重要的是你接近它的方式。

弗罗贝纽斯就描述过刚果狩猎民族矮人部落俾格米（Pygmy）的某种奇妙仪式。弗罗贝纽斯曾经在非洲进行过约 20 次探险，其中有一次是由二男一女三位俾格米人带路。当他们最后终于没食物可吃时，弗罗贝纽斯问这三位俾格米人说：“你们可以到外面去抓一只瞪羚给大家吃吗？”

俾格米人愤怒地瞪着他。“去抓一只瞪羚来吃？就这么简单？我们是要有准备步骤的。”他便跟随他们去完成准备工作。俾格米人做了些什么呢？他们爬上一处顶部光秃秃的山丘，清除掉上面的矮树丛，并在地上画了一只瞪羚。接下来他们要等上一整晚，当第二天太阳升起时，其中一位俾格米男子站了起来，手握弓箭朝向太阳将升起的方位，然后将箭射向地上画的瞪羚，射中了它的脖子。与此同时，那名女子会举起她的双臂。你们可以在许多新石器时代的壁画中看到这个意象——女子高举双臂，而男子射出一支箭。完成仪式之后，一行人走到平地上，开始真正追踪一只瞪羚。他们将箭射入瞪羚的脖子。

换句话说，男人猎捕瞪羚并不是出于个人的行动，而是以生命力量（也就是太阳的力量）的代理人的身份做出此举的。

这就是仪式运作的方式——在于让你自己认同于此刻正在发生的事情。我再来讲一个关于日本武士的故事——你们有些人可能曾听我说过。武士的主人被杀了，当然，武士已经宣誓要绝对效忠君主的。现在他的责任就是去杀死凶手为主人报仇。在历经千辛万苦之后，武士终于把他的仇人逼到角落，正准备用武士刀这个自己荣誉的象征来杀死仇人。被逼到角落的家伙又急又怕，于是就向武士吐口水，武士竟然收起刀，转身离开了。发生了什么？他突然放弃为主人复仇，是因为他被吐口水的行为激怒了，而真正的武士不会在盛怒之下因为个人因素而杀人，这么一来就会毁掉整个复仇大业的精神。

这与俾格米人的狩猎行动极为相似，是一种神话的态度。你采取行动时，不是依据你个人、个体的生活，而是带着你作为某种运行于你体内的宇宙力量的祭司的感知而行动。而我们也通通身处其中，面临的问题就是与之取得平衡，并同时拥有自己的人格。

男性听众： 你曾说过超越二元性、超越成双对立的世界。你可能在这一世做到这点吗？

坎贝尔： 生活经验中必定会有二元性，然而，二元性背后也必然有一体性这种经验。因此我认为，神话的首要主题就在于协助你去体验到荣格所谓的“对立面的结合”（coniunctio oppositorum）。它们无论如何都能够融入对方，或者能够与对方保持优美的平衡——像一支舞蹈。双人舞的美妙之处就在于那是处于和谐关系的成双对立。

每当我想到网球比赛，有个念头就会出现在我心中。网球比赛要能进行下去，就要有网子两边的对打。如果你赞同网球比赛这回事，你就得遵守自己一次只能出现在网子某一边这种规则。而且你必须对自己这一边坚守立场，否则就打不成比赛了。所以，你要认同自己的特性、你在这场比赛中的角色、你究竟是在网子的哪一边，然后坚守立场。但这并不是说网子另一边的那个人和在网子这一边的你，拥有不同的价值观。你们的对立是针对比赛。你懂我的意思吗？

神话可能看起来好像是在相当不同的层次上运作，但是让我们看看下面这一双对立好了：齐格弗里德（Siegfried）以及被他屠杀的龙怪法夫纳（Fafner）——这是典型的英雄跨越阈限的屠龙行为。英雄和龙怪是对立的，但是英雄只有在尝到龙怪的鲜血，并将龙怪的特性整合到自己身上之后，才能听得到鸟鸣，并知道鸟儿在唱些什么。除非你接受了之前被排斥的那部分自己、接受了原本被视为他者的自己，否则你将无法和同时包括你和他者的自然原力接轨。正是因为你生命中的事件——你的家庭、你所处的社会、心脏病以及各种打击，你才会变成这样而不是那样。但是你的内在具有相同的潜能。荣格心理学在这里作出了很重要的论断：你不需要认出另一个你，就能够去同化另一个你，并辨识出另一个面向所代表的你。

而绝对二元性的神话出现，就是在琐罗亚斯德的时代之后，从近东冒出头来的那些神话。琐罗亚斯德教主张，光明之神与黑暗之神互相竞争，他们的竞争创造出我们现在这个世界。你必须和光明之神结盟，一起对抗黑暗之神。

在其他传统之中，这两种力量，光明与黑暗、善与恶，会成为已经超越成双对立的“存在之存在”的左右护法。甚至在《圣经》

中也能找到这类提示，那是在犹太人被驱逐到巴比伦，接触到琐罗亚斯德的观念之前所写成的篇章。在《以赛亚书》（*Isaiah*）中，天主说：“我造光，又造暗。我施平安，又降灾祸。造作这一切的是我耶和华。”[66]这是一位超越了二元性的神祇。而且，从他的行为可以看出，这位神所做的一切，如果是人类的所作所为的话，一定会被视为恶魔。譬如说，在《约伯记》（*Book of Job*）中，上帝的行为简直可以用凶暴残虐来形容——从人类的立场来看。甚至在某些地方，还会冒出所谓的“不得了的神圣面向”（mysterium tremendum et fascinans），既让人目眩神迷又让人毛骨悚然。通常来讲，耶和华是属于道德秩序的神，会清晰划分善恶。但是，看看他是如何为自己加诸在约伯身上的行为辩护的吧，你该明白，他属于某种超越道德的力量。

记得吗？在亚当和夏娃吃下苹果之前，他们对于善恶是一无所知的。事实上，知晓善恶的区分，就是所谓的“堕落”。因此，如果你想要进入亚当夏娃堕落之前的状态，你就必须再度回到善恶出现之前，并且明白善和恶是“超道德”原则在时空场域、在网球比赛中运作的一种形式。

好了，如果你的动力就在于确立你的自我和你那足以“摧毁其他人”的自我价值的话，你就会这么想：“我超越了善恶，因此我可以随心所欲，而不用管会对其他人造成什么影响。”——这么一来，你就成了危险人物。你是一个反社会的人。但是，如果你被教化过、是个文明人的话，“爱”就是使你生气蓬勃的原则，而不是暴力和欲望，那么你就无法不觉察到——正如同基督一样，上帝是公平的；如果你想与你在天堂的天父一样——不论所谓的“一样”是什么意思，那么，你就必须认识到，你所认知的公平或不公平，都不是“天界”所认定价值的最终定义。我并不是指你不可以为自己的价值奋战、捍卫它们——我的意思是，这就是战争的神秘之处：人们为价值而战、被杀、死去，但是在那争战之中，他们认识到，敌方在上帝面前，也同样是为正义而战，事实本就如此。

这就是我们西方的传统，它就出现在基督自己所说的话中。但是你必须认识到，所有这些深度事物、所有这些最终事物，都会被转译成务实、道德化的词汇——你应该、你不应该，这些词汇对社会是有利的，也对那些被“诱拐”进社会的人是有益的。你会先被“诱拐”加入社会，接着你又被诱拐进入生活的智慧，我不得不说，每次都会更深入些。

伊甸园内若是只有亚当，就什么戏都别唱了；他很无聊，上帝也很无聊，整个都是死气沉沉的，直到上帝带来乔伊斯口中的“来自亚当侧边的‘肉片大小的伴侣’（cutlet-sized consort）”。肋骨登场了，一成为二，而生命、时间就从这一成双的对立开始了。

这就是为什么我会因为注意到我所教的学生身上的某些事物，而感到困扰——也就是“男女通用”这个观念：相同的发型、相同的穿着、相同的活动。这样就失去了张力。我认为生命能维持张力比释放掉张力是一个更大的恩惠，因为所有的生命活力都来自张力。通过电话线携带声音的电力有正有负；如果没有这些正负极的对立，就不会出现声音的来回传送了。

然而，重要的不在于男性主导或女性优先；要占主导地位的是“对立面的结合”。

譬如说，在婚姻之中，什么是最珍贵的？是婚姻本身还是男女中的一方呢？如果先生认为自己最了不起，而太太认为自己才是最珍贵的，那婚姻就难以存在了。但是如果他们两人，经历过他们因为互相对立而带来的极大痛苦后，还能够保有“婚姻本身才是最珍贵的”、“珍贵的东西潜藏在成双对立之外”这些观念的话，那么，他们便立于一个好的起始点了。

我的朋友海因里希·齐默尔就认为，男女关系正如一种创造性的对立、一种创意的冲突。其中的平衡点就在这个张力之中；就好像网球比赛一样。网球比赛的说法不是个坏主意。比赛时球必须要来来往往，双方的选手也必须一路奋战到底，这样才会有一场精彩的比赛。当你生气、打斗的时候，你会顺意而为——我的老天，如果你还记得这只是场比赛，要为对手考虑，而不是一路捍卫自己的立场的话，你就打不好。但是那并不意味着，你不了解比赛之外的对方。

曹洞宗的伟大禅师道元说过，二元性是被认可的，但是这一点不会阻碍统合的知识。你虽然强调二元性，但是二元性本身并不会阻碍对这个统合的认知。这一认识可丰富你的人性。

这就是骑士之战的本质：两位骑士互斗，但他们也都认可对方是位高贵的骑士。而狂热分子则失去了这种平衡，并认为只有自己才是对的。那是一种我们必须面对的残暴怪物。

女性听众： 《圣经》能够用这种神话的方式来解读吗？属于基督教、犹太教传统的各种象征，都能解读为对成双对立这个场域的超越吗？

坎贝尔： 你可以在《圣经》里头随处找出些片段来协助你、丰富你的生活。你不用把《圣经》弃之如敝屣，但是你必须重新阅读它，因为正统的读物通常较不受重视——完全只注重字面的意思。这么一来，就会有两套运用同一组象征符号，却互相冲突的神话，并各自把它们分属于犹太教或基督教的系统——这两种传统的正教立场都是善恶对立，人神分离。但是这些象征中的每一个，若是从超越成双对立的角度来解读的话，都会让人动容的。诺斯替派（Gnostic）和卡巴拉派（Kabba List）则会通过更加神秘之眼，来看那些相同的象征符号。谨记天主是怎么对以赛亚说的："我造光，又造暗。我施平安，又降灾祸。"这段话让天主高高立于被动的成双对立之上。那比正教传统中的上帝有更大的格局。

耶稣身上有某个非常强烈的东西，但在基督教的实践中却十分罕见。耶稣说："你们听见有话说：'当爱你的邻舍，恨你的仇敌。'只是我告诉你们，要爱你们的仇敌。"[67] 爱你的仇敌？假如说仇敌代表了你应该谴责的所有事物呢？假如说仇敌就是希特勒呢？你能够付出那种爱吗？如果做不到，你还敢说自己是基督徒吗？

因为你有人格面具系统要维护，所以希特勒必须被你视为敌人。你从小到大被教导的善恶标准，和他所代表的并不相符。因此，你必须捍卫你所代表的。但是你有办法爱他吗？这种爱会让你处于观看网球比赛的位置，虽然你也正在热战之中。你清楚我的意思吗？你现在处于裁判的位置，但你同时也要代表你所属的球队比赛。这是个很耐人寻味的问题。

基督说： "要爱你们的仇敌。这样，就可以做你们天父的儿子。因为他叫太阳照好人，也照歹人；降雨给义人，也给不义的人。"[68] 基督把这段话解读为神启，一种几乎等同于佛教的"与整个创造、造物主合而为一之感"的认知，而另一方面，正教对神启是冷漠、无感的。耶稣说："我与父原为一。"[69] 他因为这句话而被正统教派钉上十字架，因为人和上帝不可能是同一人，但是耶稣却说他们是。哈拉智在 900 年后也因为同一个理由经历了相同的命运。

后来，当教会想要让这事说得通时，他们得出的结论是“基督既是真神也是真人”这个教义。但这不是耶稣所说的；他一直称自己为人类之子。然而，他也和天父是同一人。

女性听众： 科学怪人（Frankenstein）这个意象呢？我儿子 10 岁，他对科学怪人简直迷疯了。

坎贝尔： 有许多神话主题，其中最基本的就是侏儒这个艺术产物的炼金概念。当然，这类概念的最高级代表出于歌德的《浮士德》。第二部分的第一幕中，浮士德在工作室中忙着什么，最后产出了小侏儒这个瓶中人造艺术。那里头侏儒象征着新人类的诞生、童贞女生子，小瓶子是童贞女的子宫。这是人类创造出来的艺术品，而不是来自自然，是精神纪律和技术的产物而非身体的产物。

一般人总以为炼金术士是在协助大自然从粗糙的金属中提炼出黄金，但其实他们真正感兴趣的不是黄金本身，而是灵性的黄金。精神的传递是一桩没完没了的生意，在这过程中就会把自然的错误抛在身后。《科学怪人》中的怪物代表自然的失误，也就是本以为已抛在身后的错误，等等。

我很好奇你们当中有多少人读过巴特勒（Samuel Butler）的《乌有之乡》（*Erewhon*）。这是一个关于发明了机器的人们的故事，那是一个会帮人们工作的机器人，正如闪米特人传统中的诸神创造出人类来帮它们照顾花园一样。现在，人们发明机器来帮他们做事。但正如古老故事中的人类反抗神祇一样，在《乌有之乡》中，机器也会反抗人类，《科学怪人》中的受造物也会反抗创造它的主人，这个受造物被起名叫“亚当”，真是再合适不过了。

好了，为什么这样的故事会吸引我们呢？我想原因不止一个。其中之一在于，人类一直有创造一个美丽新世界的想法：把老旧的世界抛在身后，创造一个不会有“人一过了三十就会犯错误”的新世界。另外一个原因是，这个强调美好、良善，谈论上帝的爱心、仁慈的新世界一直让人类着迷，当然，我们也很清楚等式还有另外一边，另一边是那些被删除和被压抑的，所以会在精神上创造出一个只有真善美的世界来加以平衡。

荣格就指出，人们在福音书中读到的全是爱。但是一翻到《保罗篇》，那里就立刻出现惩罚罪人的可怕事情。《圣经旧约》中也不乏这种忽起忽落。《诗篇》中都是对主的赞美诗，但一到约书亚，突然转而充满对即将发生之惨剧的欢欣之情，对一座座城市将被夷为平地的高兴欢呼。这真的颇具震撼性。

男性听众：　在玛丽·雪莱的《科学怪人》中，怪物并不是个丑陋可怕的东西，而是个可爱的受造物。当电影公司制作这部影片时，他们认为这个受造物必须有让人憎恨的理由，因此便把他丑化了。他是个美丽的受造物，让怪物露出另一面的一定是创造他的那个人的某些内在东西。

女性听众：　但这是不对的，人类创造生命……

坎贝尔：　只有上帝可以创造万物。当然，正如有人说的：“只有上帝能够创造出蟑螂。”

女性听众：　你能够谈谈女性的英雄之旅吗？那和男性的英雄之旅相同吗？

坎贝尔：　世界上所有伟大的神话以及大多数的神话故事，都是来自男性的观点。我当年在写作《千面英雄》这本书，想论述女性英雄时，我不得不去童话故事里试运气。童话故事是女性讲给小孩听的，里面会有不同的观点。然而，多数伟大神话都是由男人“编织”的。女人太忙碌了；她们要做的事太多了，没空坐下来想故事。

女性听众：我在各方面都没有英雄认同的问题。我一直以来都在和我的阿尼姆斯“交流”。其中一个过程是经由“文艺复兴嘉年华”带出来的；在那游园会里，我对那些刀剑产生了极大兴趣，那种身为骑士的感觉、塔罗牌中的整套装备、那种权力感……所以我就买了一把骑士用的匕首，有一阵子我无论去哪都随身携带，晚上我会握着它，会把它别在我的裙子上……就只是想感受那种阳刚的能量。

坎贝尔：你若在纽约那样，会被逮捕的。（笑声）

女性听众：我必须承认许多人并不理解。（笑声）我甚至跑进男洗手间，去贴近阳刚的能量。我走进一个隔间，关上门，我可以从下面看到男人的脚，那些脚看起来其实和女性的脚没什么差别，可能只是比较粗壮一点而已。

男性听众：它们的意义何在？

女性听众：什么？那些刀子吗？（笑声）我已经在心中和神话原型打交道有一段时间了，我发现自己能够认同王子、国王，这一点也不亚于自己对公主的认同。事实上，如今，我的部分过程在往回发展，回过头来与女性和女神做更多接触：伊西斯（Isis）、阿耳忒弥斯，甚至会吃人的母亲女神迦梨（Kālī Ma）。

坎贝尔：你的故事是双面的。首先你找到了男性的力量以及那把匕首，但你也因此远离了女性面向。现在你又踏上归返之路，带着你的女性特性，回过头来整合这个发现。

女性听众： 当然，一开始会觉得有点奇怪，而且大部分人并不了解——我的意思是，我真的爱上了那把短刀，那种手感。接着，我开始去冥想塔罗牌。一开始出现的是“剑”这组牌，接下来是“骑士”，再接着，我就真能够和“国王”交心，但最后出现的是“剑之王后”这张牌，那是很棒的权力原型，却是位女性。[70] 在某个时期，我还搜集了好几套不同的塔罗牌。我会拿出大概12张不同的“剑之王后”，盯着它们一直看，一直看。我的手中握着我的短刀，眼睛注视着那些塔罗牌，握着短刀，看着塔罗牌，就这样一直下去——直到我真的内化了那股力量为止。

坎贝尔： 这是女性和阿尼姆斯关系这个问题的一个美好案例。我是这么看待其中的差异的，出发寻找并发现短刀位置的男性，就不会有“发掘自己内在女性”的问题。男性不会有发掘自己内在女性的问题，是因为在男性的生活和身体中的阴性因子，与你身体内的阴性因子相比，无比轻微。你知道我的意思吗？那和身体所提供的会有很大差距。这是比例的问题。

正如你所说的，我太太琼也总是说她在和男性英雄产生联系时，并不会有困难，因为男性所代表的是指向某个特定、具体作用的女性力量代理人。

然而，男性的身体欠缺对自己本性和女性本性的回忆，而女人的本性早就自动出现在体内。我20多岁时曾经和我姐姐爱丽丝一起住在纽约州的伍德斯托克。我姐姐是位雕塑家，她的朋友们也是，所以，与我当时“同居”的都是艺术家，其中有许多年轻女性。我注意到她们一位接着一位，在接近30岁的时候，出现婚姻问题，我姐姐也不例外。这个咒语开始缠住她们：现在该结婚了，该生个小孩了，诸如此类的事情。勉强结了婚之后，却很快出现离婚问题，生活简直是一团糟。艺术生涯也支离破碎，因为一个人除非能够整天投入而不受干扰，否则很难认真发展其艺术事业。然而，这种一团糟的事就不会发生在男人身上。当然，你找到的是短刀，她则是找到雕刻刀。但接下来就是女人的召唤了。当女性召唤男性的时候，男性只要出去和对方结婚就好，在外头的可是一名活生生的女人，她很自然地就该在那里。你知道我的意思吗？我认为这是女性旅程的重点之一，那是需要好好处理的、相当沉重的天赋本性。

我曾读过一段和瑜伽有关的耆那教文字。耆那教瑜伽很极端；其观念在于真正地放弃自己的本性。他们称之为终极解放（kaivalyam）——全然和来自身体的召唤“断根”。那是素食主义者的原始初衷：断绝一切杀生、一切以死为生的生活。不杀生，任何形式的杀生是禁止的，当然除了你自己之外；你所杀灭的是你想要活下去的欲望。其目标是在断绝所有生之欲念的那一刻死去，不带任何怨怼或一丝一毫这类情感。这种特殊的瑜伽并不适合女性。她们的体内有太多生命了。这让我突然想到：那就是生命对女性的召唤，整个身体都在告诉你，你已经和我断了联系。而男性没有这个问题，至少程度不同。

是的，女性也可以遵循英雄的旅程，但是还会有其他的召唤，也会有另一种关系要求于你，要求你去响应你所化现的自然场域。

女性听众： 另一个对我相当有帮助的经验，就是我一直以来都很投入其中的萨满教（shamanism）。正如你提过的，在萨满文化中，男性和女性其实并没有差异——他们不会特别去区分女性巫师或男性巫师；巫师就是一位被召唤者。我注意到了这一点，这很震撼。

但是，有个小地方，我可能会对你有点小挑剔，因为我真的感觉到你身上有传统的遗毒，那是属于你个人的部分，你看待女性和男性是不同的，在这方面，我不确定自己和你的意见相同。

坎贝尔：就是这两种体验方式，这样就是全部了。我很乐意自己能有10分钟的时间变成真正的女性，去体验男女的不同之处。

我花了很长的时间才结了婚，主要是因为我知道婚姻会干扰我阅读。（笑声）这是真的。还有另一个原因：每一次我和某位年轻女性深入交往，我就感觉到有压力，生命很沉重。这种沉重感，这种有个人对我重要得不得了的感觉，让我觉得那些小烦恼变成了像山一般大的问题。我会因此大感吃不消，所以就逃掉了，但很快地，我发现自己和另一位女性交往，又感受到同样的压力：糟糕，又来了！

男性听众：“黏”上女性的是房子、孩子以及这趟旅程所带来的其他东西。它们不见得要一起出现，但就是会这么觉得……

女性听众：怎么女性的看法和你一模一样！（笑声）我对男人也有同样的感受！（笑声）我是必须留在家中的那位！（笑声）我自己单独出门时，会觉得轻松又自由。

坎贝尔：我的感觉是，那些男人是想找乐子，但我对那些不感兴趣。

女性听众：那是真的，我同意。

女性听众：他们想找乐子，他们也很沉重。

坎贝尔：所以他们需要找乐子。（笑声）好了，我们终于达成共识，那就是男女的不同，不是吗？

女性听众：我想女性同胞不会同意。你对婚姻的“构想”将拖垮你。我的感觉是，天呐，我有这么些美丽、聪明的女儿，她们难道只能被某个男人拖住，整天待在厨房洗盘子，而完全无法发挥她们的潜能吗？她们难道就只能天天清洗脏衣物、除除尘吗？

坎贝尔：我姐姐和她的朋友，她们不洗盘子，她们做雕塑之类的各种活动。然后她们的身体会感到："喔，糟糕，我有什么东西漏掉没有做。"如果你的女儿不想洗盘子，就让她们做她们爱做的，看看她们发展得如何。

女性听众：但身体是不等人的。我有位年龄比我稍长的朋友，位高权重、非常成功。她说："我的生理时钟不等人，我应该生小孩吗？还生得出来吗？"

坎贝尔：这无可避免。

男性听众：问题在于要去实现你的生物使命还是你身为人类的使命。

坎贝尔：不，不需要这些冠冕堂皇的字眼。（笑声）

男性听众：那么找一个"低调"一点的字？

坎贝尔：职业使命。

女性听众：难道不可能二者兼得吗？难道一个女人无法同时既做母亲，又实现自己的理想？一个男人难道无法同时身为父亲，又去进行骑士的历险吗？

坎贝尔：喔，这是可能的。我不是说这件事从未获得过解决，我是在说，使得男女在实现目标时获得的实际成就有所不同的典型痛苦，通常来自怀孕生子这类身体召唤的力量和重量。而男人就可以回避掉这一切。

当然，"女版"的人类被逐出生命的极端案例就是要求"女性止步"

的希腊圣山（Mount Athos）。在中世纪的修道院，如果有女人来到门口并进了门，就算是因为她身陷危险之中，守门的人也要因此受罚。

来自身体和天性的召唤，对女人非常有效力，对她自己而言是如此，和她有关系的男人也会受到影响。在《芬尼根的守灵夜》之中，乔伊斯就以印度教的观点指出，女人就是生命的能量原则。而男人，可以说他只想要一个人自由自在。但是当女人走过他身边时，男人就会被启动；女人是那启动者。

这就很有意思：在北方、在欧洲和中国的系统中，你常常会听到阴阳这类东西。男人是进攻者，是主动的，女人是接收者，属于相当被动的面向。而印度并非如此——事情刚好相反。男人在心理上总是对其他事物感兴趣，这些兴趣又会很快消失。女人会说："在那最后一个永世的是什么样的生活啊。让我们再过另一个永世吧……整个世界再从头开始不也很好吗？"男人就会想："是啊，是这样。"[71]

男人因此被引诱到行动的场域。在印度，女性原则是"萨克蒂"，她是由脊柱升起的大蛇力量，是能量的整体流动，在它的所有面向皆是如此。在印度，女神的大庆典是杜尔迦节（Durgā Pūjā）。杜尔迦是她的面向，她是位手中握着剑的千手女神——当你握起你的短刀时，你就是在扮演杜尔迦女神。Pūjā 的意思是"典礼"。这个庆典会持续三周之久。

这个主要意象来自一个神话故事，故事中有位牛头瑜伽术士，他的精神高度集中，已经凌驾于所有神祇之上。没有一位神能够驳倒这位怪物级的瑜伽士。因此，他们围成一个圆圈，将他们的能量送回他们来的地方，然后一朵黑云出现了，从那朵黑云里头走出了千手女神。她的每一只手握着不同神祇的象征。所以，男性力量所代表的就只不过是女性这个能量的特定的折射和定义罢了。女性是能量的来源，而男性只不过是能量在某一个方向的细节而已。

因此，我认为女性认同男性相对容易。比较起来，男性有了一番大作为、经历一段大冒险后，再回到平凡的生活，则较为困难。这就是佛陀所做的，属于首要的英雄行动，更像是一种消解。

对女性而言，这不仅是细节的问题，她会移往另一个方向。你理解我在说什么吗？她是将自己带往另一个特定的点。

男性听众： 在我看来，相比开启英雄之旅，男人更经常会出外追寻自己和生活的关系，一种大格局的、神化的生活经验，譬如说，“我就是彼”的体验；而就某种程度而言，女性要踏上英雄的旅程并不那么困难，如果她没有小孩的话。当你问道什么是女性的英雄之旅时，我想到的是我知道的女性以及历史中的女性，想到她们的人生故事。你可以找出某位伟大女性，并审视她的一生，那就好像英雄之旅一般……

女性听众： 那不是同一回事。那不是旅程。

男性听众： 什么？

女性听众： 她可能曾经非常成功。但那只是一位女性在这个实际的世界打拼换来的，她并没有进行英雄的旅程。至少不是我们所看到的。英雄的旅程要深入心灵深处，不论是男性或女性，没有这趟英雄之旅，你可以说就只有一半人生。我的意思是，整个神话层面并没有展开。英雄的旅程和你在物质世界是否功成名就毫无关系。

男性听众：好吧，没有什么是立即从心灵之中跃然而出的，但是如果一位女性，她既在外在世界功成名就，又同时进入神话世界走过一遭，今天大部分在场的人都会投票同意这就是一趟名副其实的英雄之旅。但是我认为其中的差别在于有没有小孩——我是永远不可能怀孕的，所以我只是在凭猜测发言而已。但是，应该可以有办法将生孩子与永恒生命连接来加以诠释吧！女性的身体连接上永恒的生命，然后再退出，这种经验是男性永远不可能拥有的。这一点多多少少会改变这趟旅程。男性则必须要到外头去刻意寻找。他们必须走了又走，经历所有试炼，潜入深海什么的，而女性就只要做自己。我认为那就是改变的部分，那就是女性的英雄之旅不同的地方。

坎贝尔：你们知道，我曾经教过年轻女性长达 38 年，那是种互动非常密切的教学，几乎是一对一的指导式教学，所以我非常了解我的学生。毕业后，她们一个接一个地都结了婚，她们的结婚对象都对这个俗世很投入，也很感兴趣，我这些学生通常就成为她们另一半在其事业领域的顾问，一点障碍都没有。在我心中，她们就是千手女神再现。对女人而言真的没有问题，如果情势要求她承担男性的角色，她也没有问题。我的意思是，她要承担的就只是原属于她的力量的某个细节而已。

但是对男性来说，就完全不一样了；他不像女性那样拥有可来去自如的基地。这是非常不一样的心理层面问题。以尝试去认同那把短刀为例好了；我发现要去认同某个女性生命的象征，如怀孕生子，是非常困难的事。我的意思是，如同你所说的，男人无法怀孕、无法生产。我们和生命的这个能量系统，无法像女性一样可以直接连接。男人属于一个特定行动功能的场域。

这在人类最早期的艺术，也就是克罗马农人（Cro-Magnon）的洞穴以及女性小人像艺术中都有体现。女性就只是个直直站立在那里的赤裸形貌而已。她就是全体事物，而男性不论何时都处于特定的角色中、发挥特性的行动功能——猎人、巫师。对我而言，千手女神这个伟大的意象指出了“女神就是故事本身”。她的每一只手都握着某一位神祇的象征，她包含了象征的全部。

女性听众：约瑟夫，现在让我惊讶的是，女性与生俱来的容忍能力，使得她们心甘情愿停留在满载重负的骆驼阶段。

坎贝尔：尼采在《查拉图斯特拉如是说》中提出了生命三阶段说：骆驼背上重物走入沙漠、变成一头狮子、屠杀龙怪（即我们的老朋友“你应该”），如此，才能变成一个自立行动的小孩。[72]

女性听众：我好奇的是，她如果不是因为能够忍，怎么会困在骆驼的阶段？而一个男人就是因为无法等待，要立即去行动、立刻宰杀龙怪，他就可以拿这个借口任性而为。我认为这些停留在骆驼阶段的女人，如果她们没有“进步”到狮子阶段或更进一步的话，就会困在你说过的可怕生活对立面（反向转化）之中。

坎贝尔：我这两天听了诸位女士所说之后，更加明确女性的特有的经验就是忍受某些事情——而这种容忍，这种去忍受的能力，是对女性的主要要求。

男人则只要忍受剧痛、挣扎以及困境这些偶然时刻即可。这就是男孩在启蒙仪式被推入的情境，在仪式中他被迫去忍受看不见的痛苦。我感到非常有意思。卡特林（George Catlin）在19世纪30年代一直和印第安曼丹人（Mandan）相处，并画过无数幅印第安人画作。[73]其中一个系列令人印象深刻，它和年轻男性的启蒙仪式有关。仪式中，这些大男孩会被长钉穿胸，并从天花板上倒挂下来。其中一名年轻男性告诉卡特林说："我们的女人会受很多苦，所以我们也必须学会受苦才行。"苦难笼罩在女性上方——作为成年期的女性本来就是这样。而另一方面，男性则必须去承担苦难——这是男女很大的不同。

女性听众：女人必须达到一个关键点，带回能量并减小苦难，男人则要去学习容忍。

坎贝尔：他必须找出问题。我之前谈过原始社会男孩、女孩的启蒙礼。女人会被生命全面攻占。当她初经来潮时，她就自动成为一个女人。男孩则永远不可能有足以比拟的经验。[74]

女性听众：除了仪式之外。

坎贝尔：这就是仪式必须暴力十足的缘故。仪式之后他就不再是小男孩了。他也必须离开妈妈。他势必要脱离母亲。

女性听众：但那在我们这儿从未真正发生过。我弟弟在家中一直住到 24 岁，在那之后他也没能真正离开妈妈的襁褓。

坎贝尔：我知道现在还是有许多恋母男。但也有很多人能够独立自主。有的母亲本身了解这一点，进而从旁协助孩子独立。但是拉住小孩不放的母亲在我们的文化中，确实对年轻男性的生活造成了可怕的重压。

在原始、传统的文化之中，母子会被无情地强行分开。我前几天才又读到孟加拉国的印度教仪式。这真是"女性身为骆驼"的极端状况——她在婚前从父，婚后从夫，夫死之后她必须陪葬或继续听从长子的命令。她永远无法为自己做主。而她唯一拥有的强烈、正当的情感联结，就是和她的子女。因此，当然会有仪式来协助妈妈对儿子放手。而这要花上几年的时间才能做得到。首先，这个家的家庭牧师，也就是他们的心灵导师，会来到家中，要求母亲交出会让自己不舍的东西。一开始可能是她的珠宝，接着是她必须放弃的食物，等等。她必须学习“弃守”她认为有价值之物。然后就到了儿子长大成人的时刻，他已是成年男人了，这时，母亲就要学会说：“我生命中最珍贵的事物，现在可以离开了。”这就是成年妇女的启蒙仪式——放下。

男人会有系统地从妈妈的世界撤退，“下放”到男人的营区去找到他的行动场域。女孩则突然变成女人。女孩的启蒙仪式大多数是在初潮的时候，静静坐在一间被隔离的小屋，她自然就意识到“我是个女人”——真的就只是这样。男孩必须去扮演成为一个男人，而女孩则是去觉察自己是个女人。在大多数社会，下一件事就是怀孕，她要当妈妈了。

女性听众：也是一只骆驼。

坎贝尔：不一定是骆驼。她不是骆驼。那是她的行动场域——她可以在那个场域中经历整个过程，正如男人在自己的场域中所做的一样。

女性听众：理想情况下，如果能够有某种转化的话，女人就可以持续探索她的潜能，并且兼顾妈妈、太太的角色，或是任何她自己的选择。

坎贝尔：但是拥有一个家庭的任务之一，就是这些零碎家务事；世界上的任何工作都会有零碎琐事。

女性听众：我完全同意。

坎贝尔：那么问题到底在哪里？

女性听众：你在演讲中一而再、再而三地强调过这个重点：要持续完成一个充满创造性或精神性的任务是很难的，特别是当你会不断因为旁人琐事而分神时。

坎贝尔：过去，养小孩是件创造性的工作。

女性听众：我并不认为英雄之旅和身份是家庭主妇、大企业董事、士兵或学者有关。我认为那是心理层面的旅程，不论你做什么都可以是创造性的。如果你能解决你自己内在的心理层面问题，并整合那个神话领域，那么所有事物都会变得很有活力。那么，无论你做什么，都会有创造性的面向。但是，我认为这跟谁洗碗、谁做家务事无关。

我认为旅程是属于心理层面的，这个面向不论对男性或女性都不会有不同。我对于你所写的这种旅程极为认同。经历过之后，也为我的生命添加了光彩。因为有过这趟心灵层面的英雄之旅，我对世俗的工作更积极，内心也更欢喜。对我而言，那是在为自己找到永恒中的基地，也是在学习用隐喻的方式来看这个世界，用不同的方式来看待事物。

坎贝尔：之前我在大学教导这些年轻女性时，我没有想要把她们变成哲学家或历史学家。那我为什么又要教她们神话这种虚无飘渺的东西？那是因为要运用神话有许多种方式。我的想法是这样：大多数年轻女孩都会走入婚姻，成为母亲，操持繁琐的日常家务，与我的日常例行教学一样，在最初的兴奋期过去后，她们会发现这一切没什么乐趣。（笑声）但是我想，她们会拥有家庭和家人，到了她们 50 多岁时，孩子就会纷纷离家自立，就像那些可怜的孟加拉国妇女一样，我的学生也会走上这条路。

我教她们神话的用意，就在于提供“以灵性的方式，从生命旅程后半段的角度来解读这个世界”，那就是英雄的旅程。那是很久以前的事了。我知道这些女性，在过了 20 年、30 年、40 年后，我教她们的方法行得通。就是这东西为这些女性提供生活上的精神粮食。

现在你也有这个问题：你的工作占了你很多精力。做家务又费力耗神。你正处于开始认识到生命应该不仅止于工作和洗碗的人生阶段。那就是问题——你是这么想的，不是吗？

而另一个问题是，任何人结了婚都会遇到这个问题。不论是女性或男性，家务都会带来重担。如果你想享受心灵的孤独——正如我一直都很享受，而不要承担责任，那么你早应该心知肚明，也不会结婚了。而对女性而言，她虽然很早就了然于心，并且选择不结婚，但是 30 岁一逼近，大多数人还是选择了婚姻。

女性听众： 就算你不结婚，你还是得洗碗做家务。

坎贝尔： 是这样的，所有生命都有苦差事。

女性听众： 我的意思是，有人会说洗碗做家务一点成就感都没有，但是我会把它想成是禅的修炼。我的意思是，有些事就是不得不做。总得有人煮饭大家才不会饿肚子嘛！

坎贝尔： 是的。就算洗盘子也是在冥想，家务是一种生活的行动。它不是烦琐杂务，不是一般人所说的那样。

有时候烦琐杂务本身也可以成为英雄行为的一部分。关键在于不要陷入烦琐杂务的陷阱，而是要通过它来解放自己。

冒险总是鲁莽而不顾后果的。每一次的历险都会有毫无章法的因子。这一点甚至也适用于我重写一本书这种再单纯不过的事。德国诗人席勒曾给一位受所谓“作家心魔”（writer’s block）之苦的年轻作家写过一封极有意思的信。[75]那是因为当事人拒绝响应召唤所致。席勒在信中这么写道：“你的问题在于，在作品中的诗词要素有机会表达自己之前，你已带入批判性的要素。”在文学创作的领域，我们年轻的时候会读遍莎士比亚、弥尔顿等大文豪的作品，不断挑剔他们的闪光点，有时甚至对他们痛加批判。然后，当我们开始痛苦地创作自己的小诗句时，才知道，天呐，写诗竟然这么难！

当我写作的时候，我想到的是整个学术圈；我知道他们怎么想，他们和我思考的不同。我只能说，随你们怎么抨击吧，但是你们至少知道了我想传达的信息。我老是觉得自己在穿越那种神话故事中每隔一段时间便会合起来的撞岩，它眼看就要合起来了，而我总是会在那个念头出现之前安全通过。这种“顶住门、在想法出来之前不要让门合上”的感觉，真的非常奇怪——事实上，这是一种理智上的坚持。就是那样，那就是做事的方式。不要有负面的思考。虽然负面的东西一定会存在，这些负面想法一定会降临，就像是洗盘子、做家务。你一定要把门顶住去完成还没做的事。你必须去做你自己想做的，你必须让所有的批评暂停下来。我相信这是每个人都会有的生命经验。写作就是以一种小规模的方式随时在体验，想办法写出个句子来。

女性听众： 因为其他所有事都是从外而来。

坎贝尔： 每一件不相干的事都是如此。这是在屠杀龙怪。有时候龙怪会衔着一支红色铅笔出现，有时候它会哗啦一下丢下一堆脏盘子。

我得记下来，这真是个美丽的意象——龙怪带来一部洗碗机。

女性听众：你是在说英雄可能会不理会召唤，当他觉得自己对家庭还有责任的时候。对女性而言也是一样，只是她的责任可能是料理家务，而男人的责任是赚奶粉钱。

坎贝尔：在达到涅槃那一刻，佛陀面对三个诱惑。爱神（Kāma）派了三个美女到他面前列队行进，她们的名字为欲望、成就和懊悔。佛陀已经是不会有我执的人了。他认同的是宇宙的自性，意识状态也包括其中。因此他并没有受到影响；我的意思是，他真的是一动也不动。于是爱神将他自己变成了恐惧的化现魔罗（Māra），魔罗派了一支重装配备的军队来威吓佛陀。但是佛陀不再是个凡人了，所以他并不害怕。他已认同周遭发生的任何事情，所以像刀剑、枪炮这类小事物，对他一点都起不了作用。接下来就是第三个诱惑了。那就是你刚才提到的——法或责任。“坐在树下的这位年轻人，你是仅次于一国之君的王储！你为什么没有去尽治国的责任？你为什么没有去继承王位？”佛陀一点也不受影响。他用手指碰了碰地面。他召唤大地、召唤自然，来见证他所在的正确位置，他就在世界的轴心。他已经完成他的责任。

女性听众：没错，你要么做家务，要么就出去赚奶粉钱。

坎贝尔：是的，那些任务他都履行了，现在他自由了。还记得我们提到过昆达里尼瑜伽吗？其中位于骨盆的三个脉轮代表对生命、懊悔、功名的执着——那是脉轮一、二、三。我们和动物同样都有这些。再下去是位于心脏的脉轮，那是觉醒、灵性层面的开启；在那下面的每一样东西都是在隐喻奥秘。一旦你达到了心脏的脉轮，所有这些权力就都灵性化了。前三个脉轮的所有作为变成

五、六、七这三个顶端的脉轮的体现。

通过心脏这个在中间的明点，你会知道这就是你将“爱”这个因素带入的时候。若你在做家务时，没有感受到爱，你就只是困在烦琐的劳务工作之中。当你能够感受到爱、会去思考琐事在你生命中的意义时，当你知道你所做的对家人具有意义时，那么家务就整个转化成隐喻，你也就自由了。这就是菩萨道的全部观念，视觉行动不会有差别，你所看到的束缚和释放之间的行动也不会有差别。同样的事两个人去做：一个人有所束缚，另一个人却是自由的。当然，极端的例子就是那些身陷牢狱时，强加在你身上的琐务。但历史上，甚至有圣人处于那种情况下也有办法超越。

但是我们生命中的那些简单任务，当你操持它们，是因为那是你所爱、所选择、所付出的生命的某个功能或因素，它们就不会对你造成重负。

女性听众： 我感觉好像普赛克（Psyche，即灵魂）现身喔！彻夜坐在那里，在一堆杂粮中分辨出各种谷物、豆类，真的好像是在预言女性英雄的宿命。

坎贝尔： 是的。

女性听众： 我忽然想到一件事，和英雄之旅有所不同。我想，或许这个旅程的要素在于时间，而英雄的旅程则在于空间。它是容忍的问题，待在那里，等它结束。试图完成它，而不是坐等它过去。努力再努力，深入再深入，变得越来越清楚。而对男人而言，行动的场域就是要移到你所谓的“森林大冒险”。在英雄之旅的故事中，英雄通常是年轻男子，而不是中年男性，难道不是吗？

坎贝尔： 是的，通常是年轻男子。

女性听众：是，没错。

坎贝尔：《奥德赛》的故事中就有三段英雄的旅程。其中一段是儿子忒勒玛科斯（Telemachus）出发寻父。第二段是父亲奥德赛在男女关系这层意义上，逐渐和女性原则调和一致，并且产生联结，而不是《伊利亚特》里面那种男性掌控女性的故事主轴。第三段旅程则是佩涅洛佩（Penelope）本人的英雄旅程，就像你刚才描述的，其内涵就是容忍。她会每天打开窗户向海港的方向瞭望，等待奥德赛从漫长的旅程归返。这三段旅程中有两段穿越空间，一段穿越时间。

女性听众：你这么看吗？如果是的话，那很有意思。也就是说，英雄旅程的主人公通常是年轻男子，而女性英雄的旅程则属于熟女，在她经年操持家务又生下孩子之后，才会去进行这趟旅程。

女性听众：那些没生小孩的又如何呢？

坎贝尔：我太太就是其中之一。她是舞者也是编舞者。琼和玛莎·葛兰姆（Martha Graham）合作过，玛莎是一位完完全全的舞者。她尽力保持着艺术家的本色。当她的艺术无法再展现时，她的悲剧也就开始了，因为她的身体就是她的工具。当她无法再跳舞时，那真是个可怕的心理危机。琼则认为舞蹈是生活的一部分，因此当她像现在这样，因为上了年纪，身体无法再跳舞时，她就知道该怎么面对。排在首位的，永远是她的生活而不是她的艺术。

女性听众：她已经经历过自己的英雄之旅吗？

坎贝尔：她拥有一份优雅的事业。

女性听众：她是怎么与它相连接的？她把她的事业当成了自己的英雄之旅

（或是女英雄之旅）吗？

坎贝尔：可以说，神话确实有所助益。她也有一位愿意看到太太经历英雄之旅的丈夫。

注　释

原版编者序　库伯联盟学院的神话专家

1　参阅本书 p. 148 的内容。

引言　我们为什么需要神话

2　引言的大部分来自坎贝尔 1981 年所做的演讲（它在约瑟夫·坎贝尔基金会档案中的相应编号为 L965）。对“追随你的直觉”这个概念的探讨主要摘自 1983 年 4 月 23 日题为“神秘体验”的演讲（L830）的问答部分。

3　卡尔弗立德·格拉夫·杜尔克海姆（1896–1988）是一位德国贵族，他曾在日本出任外交官。他在东亚所接触到的禅宗佛教和道教为他开辟了新的思维方法。当返回欧洲后，他所走的学术道路在很多方面与约瑟夫·坎贝尔的道路相似，他研究比较神话以及它在灵性实践、在荣格学派深层心理学上的推论。他和最终成为他妻子的玛利亚·希皮乌斯（Maria Hippius）一起发现了灵性心理学的核心。

卡尔·荣格（1875–1961）是20世纪心理学最伟大的创新者之一。若想对他的个人简介和著作了解更多，参阅“神话与自性”和“个人神话”这两章。

埃利希·诺伊曼（1905–1960）是荣格的学生，也是一名心理学家。两人探究了神话与心理学的联系。

4 对于乔伊斯有关恰当的艺术与不恰当艺术的进一步探讨，参阅 Joseph Campbell, *The Inner Reaches of Outer Space: Metaphor as Myth and as Religion* (Novato, Calif.: New World Library, 2002), pp. 90–91ff.

5 Lao-tzu, *Tao-te Ching*, trans. Gai-Fu Fung and Jane English (New York: Vintage Books, 1997), p. 1.

6 Waldemar Bogoras, “The Chuckche, Material Culture,” *Memoirs of the American Museum of Natural History*, vol. 11, part 1(New York: G.E. Stechert and Co., n.d.).

7 Gareth Hill et al., *The Shaman from Elko: Festshrift for Joseph L. Henderson,* M.D.(San Francisco: The Jung Society of San Francisco, 1978).

8 Alberto M. de Agostini, *I miei viaggi nella Terra del Fuoco* (Turin: Cartografia Flli. de Agostini, 1923).

9 更多坎贝尔在印度和东亚旅行的信息，请参阅 Joseph Campbell, *Baksheesh & Brahman: Asian Journals—India*, Robin and Stephen Larsen and Antony Van Couvering, eds. (Novato, Calif.: New World Library, 2002), and *Sake & Satori: Asian Journals—Japan*, David Kudler, ed (Novato, Calif.:New World Library, 2002).

10 James Joyce, *Finnegans Wake* (New York: Penguin Books, 1982), p. 230.

11 Epistle of Paul to the Galatians, 2: 20.

12 这一概念是由商羯罗（Śaịkara）在大约公元 800 年发现的一条非二元论的吠檀多派教义。

13 这位友人是约翰·莫菲特（John Moffitt），坎贝尔在纽约市的罗摩克里希那—维韦卡南达中心（Ramakrishna-Vivekananda）和他相识。他们各自协助斯瓦米·尼哈拉南达（Swami Nikhilananda）翻译用于传教的作品：坎贝尔编辑尼哈拉南达翻译的《奥义书》（*Upanißads*），而莫菲特协助翻译《罗摩克里希纳福音书》（*The Gospel of Sri Ramakrishna*）和商羯罗的《自我知识》（*Self-Knowledge*）。莫菲特是极少数发誓成为罗摩克里希那遁世者的西方人之一，他死于 1959 年，当时的姓名是斯瓦米·阿特莫汉南达（Swami Atmaghananda）。

莫菲特写了一本书，详细记述了他作为两种传统中的圣徒的经历，这本书名叫《戈勒克布尔之旅》（*Journey to Gorakhpur: An Encounter with Christ beyond Christianity*）(NewYork: Holt, Rinehart and Winston, 1972).

若想更多地了解斯瓦米·尼哈拉南达和吠檀多社会，参阅 Joseph Campbell, *Baksheesh & Brahman: Asian Journals—India*, passim.

01 仪式的必要性

14 这一章主要来自 1968 年 5 月 9 日坎贝尔在阿默斯特学院（Amherst College）发表的题为“神话的必要性”（L196）的演讲，在《约瑟夫·坎贝尔音频集》（*The Joseph Campbell Audio Collection*）第四卷《人与神话》（*Man and Myth*）的第四部分中可以找到演讲的录音。这一章中也有一些内容来自 1969 年 4 月 17 日在佛蒙特大学（University of

Vermont）发表的题为“神话的必要性”的演讲（L250）。

15 Arthur Schopenhauer, “On the Sufferings of the World,” *Studies in Pessimism:A Series of Essays*, trans. T. Bailey Saunders, M.A. (London: Swan, Sonnenschein& Co., 1892). Found at http://etext.library.adelaide.au/s/schopenhauer/arthur/pessimism/chapter1.html.

16 Sir Baldwin Spencer, *Native Tribes of Central Australia* (New York: DoverPublications, 1968).

02 穿越时空遇到神话

17 这一章主要来自1972年10月16日坎贝尔在加拿大蒙特利尔的洛约拉学院（Loyola of Montréal）发表的题为“人与神话”（L435）的演讲，在《约瑟夫·坎贝尔音频集》（*The Joseph Campbell Audio Collection*）第四卷《人与神话》（*Man and Myth*）中可以找到演讲的录音。洛约拉学院的神学系根据这一演讲和一场题为“神学探索的想象与叙述”研讨会（L436）出版了专著，书名同样为“人与神话”(Montreal: Editions Desclée & Cie/Les Editions Bellarmin, 1973)。

18 The first part of this section is drawn from L250. See note 14.

19 Angelus Silesius, *The Angelic Verses: From the Book of Angelus Silesius*, Frederick Franck, ed. (Boston: Beacon Point Press, 2000).

20 Steven Fanning, *Mystics of the Christian Tradition* (New York: Routledge, 2001),p. 103.

21 The exploration of this idea serves as a central theme in both Joseph Campbell, *Thou Art That: Transforming Religious Metaphor*, Eugene

Kennedy, ed.(Novato, Calif.: New World Library, 2001), and Campbell, *The Inner Reaches of Outer Space: Metaphor as Myth and as Religion*.

22 这段坎贝尔承认存在争议的言论暗示着他后期学术生涯探索的一个主要问题。时至今日，社会学者依然在争论全球文明的发展是通过传播（正如坎贝尔在这里提出的）、会聚还是并行而成的。参阅 Campbell, *The Historical Atlas of World Mythology*, vol. 2,part 1(New York: Alfred van der Marck Editions, 1988), pp. 20ff, and Campbell, "Mythogenesis," *The Flight of the Wild Gander* (Novato, Calif.:New World Library, 2002), passim.

23 The Book of Leviticus, 17: 6.

24 Genesis1: 26.

25 明尼荷花其实是来自达科他苏族神话中的一个人物，而不是出自黑脚族的传说。朗费罗（Longfellow）的诗《海华沙之歌》（*The Song of Hiawatha*）使她的故事变得著名，坎贝尔及他那一代的大多数美国人都了解这首诗。因此在这里坎贝尔打趣地使用了她的名字，从他演讲的语调中可以清楚地听出他在开玩笑。

26 Leo Frobenius, *Paideuma* (Frankfurt am Main: Frankfurter societät-druckerei, 1928).

27 For more discussion of these themes, see Campbell, *Thou Art That*, pp.15, 66, 111–112.

28 The Book of Joshua, 1:5.

29 Genesis 3:19.

30 Thomas Aquinas, *Summa contra gentiles*, book 1, chapter 3.

31 Chāndogya Upanißad, chapter 12.

32 The exploration of this idea is the central thesis of Joseph Campbell, *Myths ofLight: Eastern Metaphors of the Eternal,* David Kudler, ed. (Novato, Calif.: NewWorld Library, 2003).

03 社会及其象征

33 这一章主要来源于坎贝尔的这些讲演：1962 年在外交学院（Foreign Service Institute）所做的题为“西方心理学概览”的讲演（L47），两个题为“实践你个人的神话”的讲演，其中一个是于 1972 年 11 月 17 日在纽约精神分析师俱乐部发表的讲演（L441），另一个是于 1973 年 5 月 3 日在费耶特维尔阿肯色大学（University of Arkansas）发表的讲演（L483），以及坎贝尔在加州大苏尔伊莎兰学院开展的同样题为“实践你个人的神话”的座谈会（L468-L472），为期一周（3 月 16 日到 3 月 20 日）。

04 神话与自性

34 This chapter and that following are based on L441, L468–L472, and L483. See note 33.

35 坎贝尔在评论我们能感知到的、受到文化影响的性别差异。若想更深入地理解他对性别差异的思考，参阅本书 P212-224 的内容。

36 The Gospel According to Matthew, 7:1.

37 这是在大约 1680 年一名剑桥学生（也是后来的讽刺作家）汤姆·布朗写下的讽刺短诗，据说这是布朗所在大学的校长约翰·费尔（John Fell）

给予他的惩罚的一部分。这句话翻译自罗马诗人马夏尔（Martial）的讽刺短诗：*Non amo te, Sabidi, nec possum dicere quare; / Hoc tantum posso dicere, non amo te*。这只是要表明忧郁的心情已经伴随着我们相当长时间了。

38 First Letters of St. Paul to the Corinthians, 13:7.

39 Thomas Mann, *Tonio Kröger*, David Luke, trans. (New York: Bantam Modern Classics, 1990).

40 Thomas Mann, "Little Herr Friedmann," *Death in Venice and Other Tales*, Joachim Neugroschel, trans. (London: Penguin, 1998).

05 个人神话

41 C. G. Jung, *The Portable Jung,* ed. Joseph Campbell (New York: Viking, 1971), p. xxi.

42 *The Portable Jung*, pp. xxi–xxii.

43 *The Inner Reaches of Outer Space:Myth as Metaphor and as Religion.*

44 The Gospel According to Matthew, 10:39.

45 "En un cuaderno de *La Criticacita* Croce la definitión gue un italiano da dellatoso:es—dice—el que nos quita la soledad y no nos da la compañía." José Ortega y Gasset,Obras completas(Madrid: Talleres Gráficos, 1957), p. 378.

46 For further discussion of *kundalinī* yoga and the sacred syllable *aum* ,see JosephCampbell, *Myths of Light: Eastern Metaphors of the Eternal*, pp. 27–38; *The InnerReaches of Outer Space*, pp. 36–37, 71–72; and

The Mythic Image (Princeton, N.J.:Princeton University Press, 1981), pp. 331–87.

47 Henry Adams, *Mont-Saint-Michel and Chartres* (New York: Penguin, 1986).

48 For a deeper discussion of this concept, see Joseph Campbell, *Mythic Worlds, Modern Words: Joseph Campbell on the Art of James Joyce*, Edmund L. Epstein,PhD, ed. (Novato, Calif.: New World Library, 2004), pp. 19–25.

49 This is Campbell' s liberal translation of a passage from Dante Alighieri, *Vita nuova*, chapter 2. The full Italian passage reads as follows:

In quello punto dico veracemente che lo spirito de la vita, lo qualedimora ne la secretissima camera de lo cuore, cominciò a tremare sì fortemente, che apparia ne li menimi polsi orribilmente; e tremandodisse queste parole: "Ecce deus fortior me, qui veniens dominabiturmichi." In quello punto lo spirito animale, lo quale dimora ne l' altacamera ne la quale tutti li spiriti sensitivi portano le loro percezioni, sicominciò a maravigliare molto, e parlando spezialmente a li spiriti delviso, sì disse queste parole: "Apparuit iam beatitudo vestra." In quellopunto lo spirito naturale, lo quale dimora in quella parte ove si mini-stra lo nutrimento nostro, cominciò a piangere, e piangendo disse questeparole: "Heu miser, quia frequenter impeditus ero deinceps!"

50 *Bhairavānanda* is an epithet for Śiva. It is also a title for initiates in certain Tantric sects.

51 Immanuel Kant, *Prolegomena zu einer jeden künftigen Metaphysik, die*

als Wissenschaft wird auftreten können, par. 36–38.

06 自性的英雄之旅

52 本章主要来源于为期两天题为“探索”的研讨会，研讨会于 1973 年 3 月 16 日到 20 日在加州大苏尔伊莎兰学院举行，由坎贝尔主持（L1183-L1185）。

53 The opening paragraphs of this chapter were drawn from L472. See note 34.

54 Arthur Schopenhauer, “Über die anscheinende Absichtlichkeit im Schicksaledes Einzelnen” (Leipzig: Ed. Frauenstaedt, 1851). Campbell read this essay in theoriginal: the title he gives is his own translation from the German. The Englishtranslation of the essay appears in E. F. J. Payne, ed., *Six Long Philosophical Essays,vol. 1, Parerga and Paralipomena* (Oxford: Clarendon Press, 2000) pp. 199ff.

55 Joseph Campbell, *Myths to Live By* (New York: Penguin, 1983).

56 Joseph Campbell, *The Hero with a Thousand Faces*(Princeton, N.J.: PrincetonUniversity, 2004, centennial ed.).

57 Joseph Campbell, *The Historical Atlas of World Mythology*, vol. 1, *The Way of theAnimal Powers* (New York: Alfred van der Marck Editions, 1983).

58 T. S. Eliot, “The Hollow Men,” *The Waste Land and Other Poems* (New York: Signet, 1998).

59 This meeting is chronicled in Campbell's journal of his trip to India,

Baksheesh & Brahman: Asian Journals—India,pp. 277–78.

60 Most notably, Jung's last completed work was an exploration of the symbolism of the *hieros gamosin myth and alchemy: Mysterium Coniunctionis*, 2d ed., vol. 14, *The Collected Works of C. G. Jung* (Princeton, N.J.: Princeton UniversityPress, 1977).

61 Joseph Campbell and Henry Morton Robinson, *A Skeleton Key to FinnegansWake* (San Francisco: Harcourt Brace Jovanovich, 1988).

62 To read this article and its follow-up, "Skin of Whose Teeth? Part II," as well as Campbell's thoughts on the novels of James Joyce, see Campbell, *MythicWorlds, Modern Words*.

07 灵性的对话

63 本章中的问题和答案取材于本书大部分内容所借鉴的演讲。

64 欧扎克基督像是一座巨大的基督雕像，基督张开双臂站在阿肯色州尤里卡温泉旁的马格内蒂克山上。雕像高约 20.5 米，重将近 453.6 吨，是遵照杰拉尔德·史密斯（Gerald L. K. Smith）的命令修建的。杰拉尔德·史密斯是一位原教旨主义传教士，从 20 世纪 40 年代直到他 1977 年去世，他被人称为"美国最著名的反犹分子"。史密斯被埋葬在雕像的基座处。

65 Alan Watts, "Images of God," *The Tao of Philosophy*, audio ed.(San Anselmo, Calif.: Electronic University Publishing, 1995).

66 The Book of Isaiah, 45:7.

67 The Gospel According to Matthew, 5:43–44.

68 The Gospel According to Matthew, 5:44–45.

69 The Gospel According to John, 10:30.

70 For an in-depth exploration of the archetypal symbolism of the tarot deck, see Joseph Campbell, *The Hero' s Journey: Joseph Campbell on His Life and Work* (Novato, Calif.: New World Library, 2003), pp. 179–83. Also see Richard Roberts, *Tarot Revelations* (Fairfax, Calif.: Vernal Equinox Press, 1987), a Jungian exploration of the Waite-Rider deck with a foreword by Joseph Campbell.

71 This is Anna Livia Plurabelle and Henry Chimpden Earwicker from James Joyce, *Finnegans Wake*, p. 23.

72 Friedrich Nietzsche, *Thus Spoke Zarathustra: A Book for All and None*, WalterKaufmann, trans. (New York: Modern Library, 1995), pp. 25–28.

73 George Catlin (1796–1872) was a painter who lived with, studied, and paintedthe native people of the Upper Missouri during the 1830s.

74 See Joseph Campbell, The Masks of God, vol. 1: Primitive Mythology (New York: Penguin USA, 1991), p. 372.

75 弗里德里希·席勒（Friedrich Schiller，1759–1805），德国一流的诗人、批评家兼剧作家。他最著名的戏剧有《唐·卡洛斯》（*Don Carlos*）、《玛丽亚·斯图尔特》（*Maria Stuart*）和《欢乐颂》（*The Ode to Joy*），贝多芬在《第九交响乐》中为它谱曲。

PATHWAYS TO BLISS

坎贝尔基金会简介

约瑟夫·坎贝尔基金会是一个延续约瑟夫·坎贝尔作品的非营利性企业，探索神话学和比较宗教学领域。基金会的三个主要目标是：

第一，基金会保存、保护坎贝尔开创性的作品。这包括为他的作品创建目录，进行存档，基于他的作品开发新的出版物，管理他已出版作品的销售和发行，保护他的著作权，在基金业的网站上提供坎贝尔作品的数字形式，以扩大人们对他作品的了解。

第二，基金会促进神话学和比较宗教学的研究，包括实施和/或支持各种神话学教育项目，支持和/或赞助那些旨在增加公众了解的活动，捐赠坎贝尔的存档著作（主要捐给约瑟夫·坎贝尔和马丽加·金芭塔丝档案与图书馆），将基金会的网站作为论坛进行跨文化相关交流。

第三，约瑟夫·坎贝尔基金会通过各种项目和活动丰富人们的生活，包括基于网络的全球性准会员项目，地区性的神话学圆桌讨论国际网络，以及定期举办的与约瑟夫·坎贝尔有关的各项活动。

罗伯特·沃尔特，执行编辑

戴维·库德勒，主编

若想了解更多关于约瑟夫·坎贝尔和约瑟夫·坎贝尔基金会的信息请联系：

www.jcf.org

Post Office Box 36

San Anselmo, CA 94979-0036

Toll free: (800) 330-MYTH

E-mail: info@jcf.org

未来，属于终身学习者

我这辈子遇到的聪明人（来自各行各业的聪明人）没有不每天阅读的——没有，一个都没有。巴菲特读书之多，我读书之多，可能会让你感到吃惊。孩子们都笑话我。他们觉得我是一本长了两条腿的书。

——查理·芒格

互联网改变了信息连接的方式；指数型技术在迅速颠覆着现有的商业世界；人工智能已经开始抢占人类的工作岗位……

未来，到底需要什么样的人才？

改变命运唯一的策略是你要变成终身学习者。未来世界将不再需要单一的技能型人才，而是需要具备完善的知识结构、极强逻辑思考力和高感知力的复合型人才。优秀的人往往通过阅读建立足够强大的抽象思维能力，获得异于众人的思考和整合能力。未来，将属于终身学习者！而阅读必定和终身学习形影不离。

很多人读书，追求的是干货，寻求的是立刻行之有效的解决方案。其实这是一种留在舒适区的阅读方法。在这个充满不确定性的年代，答案不会简单地出现在书里，因为生活根本就没有标准确切的答案，你也不能期望过去的经验能解决未来的问题。

而真正的阅读，应该在书中与智者同行思考，借他们的视角看到世界的多元性，提出比答案更重要的好问题，在不确定的时代中领先起跑。

湛庐阅读App：与最聪明的人共同进化

有人常常把成本支出的焦点放在书价上，把读完一本书当作阅读的终结。其实不然。

时间是读者付出的最大阅读成本

怎么读是读者面临的最大阅读障碍

“读书破万卷”不仅仅在“万”，更重要的是在“破”！

现在，我们构建了全新的“湛庐阅读”App。它将成为你“破万卷”的新居所。在这里：

- 不用考虑读什么，你可以便捷找到纸书、电子书、有声书和各种声音产品；
- 你可以学会怎么读，你将发现集泛读、通读、精读于一体的阅读解决方案；
- 你会与作者、译者、专家、推荐人和阅读教练相遇，他们是优质思想的发源地；
- 你会与优秀的读者和终身学习者为伍，他们对阅读和学习有着持久的热情和源源不绝的内驱力。

Pathways to Bliss: Mythology and Personal Transformation by Joseph Campbell

ISBN 1-57731-471-9

Collected Works of Joseph Campbell/Robert Walter, Executive Editor/David Kudler, Managing Editor

浙江省版权局
著作权合同登记章
图字：11-2014-83 号

图书在版编目（CIP）数据

追随直觉之路 /（美）坎贝尔著；朱侃如译 . —杭州：浙江人民出版社，2016.2（2022.9 重印）

ISBN 978-7-213-06959-8

Ⅰ.①追…　Ⅱ.①坎…②朱…　Ⅲ.①神话—研究　Ⅳ.①B932

中国版本图书馆 CIP 数据核字（2015）第 274890 号

上架指导：神话学 / 哲学 / 心理学

追随直觉之路

［美］约瑟夫 · 坎贝尔　著
朱侃如　译

出版发行：浙江人民出版社（杭州体育场路 347 号　邮编　310006）
　　　　　市场部电话：（0571）85061682　85176516
集团网址：浙江出版联合集团　http://www.zjcb.com
责任编辑：金　纪
责任校对：张彦能　朱　妍
印　　刷：唐山富达印务有限公司
开　　本：710mm × 965mm 1/16　　印　　张：16.5
字　　数：200 千字　　插　　页：1
版　　次：2016 年 2 月第 1 版　　印　　次：2022 年 9 月第 8 次印刷
书　　号：ISBN 978-7-213-06959-8
定　　价：89.90 元
